RICARDO TRIPOLI

A ousadia que deu certo

Direitos reservados

EDITORA AQUARIANA LTDA.

Rua Lacedemônia, 85 – 1º andar – Jd. Brasil
04634-020 São Paulo – SP
Tel.: (011) 5031.1500 / Fax: 5031.3462
vendas@aquariana.com.br
www.aquariana.com.br

RICARDO TRIPOLI
A ousadia que deu certo

COPYRIGHT@Ricardo Tripoli

CIP-BRASIL. CATALOGAÇÃO-NA-FONTE
SINDICATO NACIONAL DOS EDITORES DE LIVROS, RJ

T755o
Tripoli, Ricardo, 1952-
   A ousadia que deu certo / Ricardo Tripoli. - 1.ed. - São Paulo : Aquariana, 2011.

   ISBN 978-85-7217-142-7

   1. Políticos - Brasil. 2. Brasil - Política e governo. I. Título.

11-5394.   CDD: 320.981
                                                                         CDU: 32(81)
22.08.11   30.08.11   029136

COORDENAÇÃO EDITORIAL E ENTREVISTAS
Fernando Coelho

CONCEPÇÃO GRÁFICA, EDITORAÇÃO E CAPA
Guto Chaves

PESQUISA, FOTOS DE CONTE LOPES, MAURILIO MALDONADO, JOSÉ MERIVALDO, CARLOS DIAS E ASSISTÊNCIA DE PRODUÇÃO
Gisele Anselmo

FOTO DE CAPA
Valério Trabanco

FOTO DE JOSÉ SERRA
Geraldo de Paula

FOTO DE MARCOS ARBAITMAN
Arquivo pessoal

FOTO DE WALTER FELDMAN
Arquivo pessoal

FOTO DE FERNANDO HENRIQUE CARDOSO NA CAPA
Madaglena Gutierrez – Acervo FHC

FOTOS DOS DEMAIS ENTREVISTADOS
Roni Celestino

Para os meus mestres
Ricardo Alvarenga Tripoli
Mario Covas

Ricardo Alvarenga Tripoli e Mario Covas
Fotógrafo desconhecido. Arquivo Tripoli.

*Campanha de Fernando Henrique Cardoso para prefeito.
Da esquerda para a direita, Ricardo Alvarenga Tripoli, Ricardo Tripoli, Mario Covas
discursando, Fernando Henrique, José Serra e Mauro Sales. Fotógrafo não identificado.*

Mesa composta por Tancredo Neves, Ricardo Tripoli e Franco Montoro. Identificados, de pé, Gilberto Nascimento à esquerda ao lado de Getúlio Hanashiro. Não identificado o autor da foto que pertence ao arquivo Tripoli.

A cobrança da História

Este livro é sobre um período de dois anos, apenas. Quando fui presidente da Assembleia Legislativa do Estado de São Paulo, biênio 1995-1996, ao mesmo tempo em que Mario Covas assumia o governo do Estado para os seus quatro anos iniciais de luta na busca de recuperação financeira e moral do maior estado da Federação.

Livro de memórias? Pode ser. Não é literatura, nem poderia ser, nem poderia escrevê-lo. Hesitei inicialmente, incomodado pela dúvida. Mas como deixar a história dispersada pela corrosão do tempo? Como não registrar o árduo esforço de um grupo de deputados empenhados em oferecer qualidade ao Legislativo estadual e à população?

E, acima de tudo, como não registrar a firmeza e a exuberância política de um dos maiores líderes que o Brasil conheceu - Mario Covas -, em cuja fonte de exemplos não somente o PSDB se alimentou, mas, serviu de inspiração para transformação relevante no modo de se encarar as missões públicas e onde bebeu a ética de governar?

É um registro, apenas. Simbólico. Feito com o auxílio de cidadãos que, destemidos, não recuaram diante das dificuldades na edificação de uma história de resgates. Resgate da escola de moralidade, resgate do pensamento como modelador do relacionamento público, resgate do diálogo servindo de instrumento físico para a moldura de acordos e desenvolvimento, resgate da política como fenômeno fascinante e aristotélico da conjuntura da sociedade.

A filosofia, aqui, não é um acidente de retórica. Nem a lógica é uma emboscada para a palavra. Antes, a filosofia nos ensinou a conviver, entre desarmonias e apelos, respaldando o consenso nas soluções. E a lógica não mutilou o encantamento dos interesses que, ao final, se revelaram comuns e coletivos.

No caso da transformação que fiz apoiado por um colegiado de deputados dentro da Assembleia Legislativa, a lógica revelou-se inteira. No caso do governador Covas, alimentou-o para sair das armadilhas administrativas deixadas em seu caminho. Em todos os casos reinaram o pragmatismo e a disposição de fazer.

Sem ser escritor, tive que optar por organizar um livro com registros simples. Mas que as novas gerações de estudantes, pesquisadores e seguidores do dia a dia político, tenham como um observatório circunstanciado de uma época fértil.

Absorvido pela emoção, eu deixei de lado os rigores cronológicos da História. Preferi aproximar o leitor das situações contadas com mais ardor, no seu aspecto mais interior, da forma que vivi. De fato, o sentimento puro falou mais alto.

Agradeço a tantos entrevistados solidários, fiéis escudeiros das motivações políticas, sociais e humanas que nos colocaram dentro da guerra civilizatória e nos forneceram argumentos para vencê-la, sem corromper ideologias, sem danificar o espectro da dignidade de nossos anseios sociais.

Eles ofereceram dedicação integral aos projetos refletidos sob a luz do respeito a São Paulo, curando feridas na troca de volumosa discordância a respeito dos padrões antigos e viciados que nos tentavam oferecer como símbolo do amanhã. O conjunto de intenções políticas continha altas doses de lucidez. E todos acreditaram na força imperial das mudanças.

Cada um dos personagens entrevistados neste livro, cada um deles, tornou-se testemunha altamente participativa do que houve, de como os processos se deram, de como a inteligência pode vencer o marasmo e a subserviência. São pessoas e amigos especiais.

Todos os companheiros que se envolveram nos episódios descritos aqui, nunca cederam à omissão, ao contrário, apresentaram-se insistentemente corajosos na hora de pugnar o direito de São Paulo retornar ao seu patamar de crescimento, megalópole cultora da agregação humana, cidade de todos, estado empresarial e maior centro de desenvolvimento do Hemisfério Sul.

Onde eventualmente falho em minhas memórias tão curtas, eles suprem de exuberante demonstração de cidadania e acuidade profissional, as lacunas que deixo. Personagens tão distintos, em seus escalões de responsabilidade de comando no cerne de mensagens tão absolutamente homogêneas, que revigoram um pensamento horizontal e unificador.

Este é o livro, o sentido dele. Lembrar um momento pontual da história política de São Paulo, origem da longevidade demonstrada durante duas décadas pelo estilo de governar do PSDB.

Antes, quando um pouco de minha simples história pessoal aparece, quero dizer que não há nenhuma investidura autobiográfica neste cenário, longe disso, é apenas um lembrete que determina as trilhas de minha carreira e a profunda consideração que tenho pelas pessoas que me acompanham até aqui.

O livro é uma pequena lembrança, onde a imagem do inesquecível Mario Covas ilustra o que estas memórias poderão ter de melhor, ensinado por ele mesmo: uma lição de força e de paixão pela política como braço a alcançar o futuro brilhante do Brasil, e, de outra parte, da honradez, como símbolo do convívio.

Certamente os acadêmicos poderão me fazer algum tipo de cobrança, o que será perfeitamente natural e não me surpreenderá. Mas a história não mais poderá fazê-lo.

Ricardo Tripoli | Julho de 2011

Da esquerda para a direita, Conte Lopes, Duarte Nogueira, Professor Luizinho, Júlio Semeghini (atrás), Walter Feldman, Ricardo Tripoli, Afanásio Jazadji, Mario Covas, na Assembleia Legislativa. Foto de José Antonio Teixeira.

Foto de setembro de 1983, saguão da Câmara Municipal de São Paulo. Presidente da Câmara, Altino Lima, Mario Covas, Ricardo Tripoli e Marcos Mendonça. Foto da Divisão de Iconografia e Museus da secretaria Municipal de Cultura.

Minha entrada pela porta da política

São muitos e longos anos fazendo política. E fazer política é conversar nas ruas, aprender com a população, ouvir gente, seguir o caminho da perspectiva das pessoas em toda sua humildade. E, além disso, olhar com sinceridade exemplos de grandes líderes.

O ato de pedir voto, de estar na mira do eleitor, de sentir a ansiedade nas esquinas, é uma escola. Não há como fazer política sem compreender a realidade estampada na expectativa de cada pessoa.

Não foi à toa que entrei nesta escola, de fato, pelas mãos de Mario Covas. E também não foi à toa que pratiquei uma pequena desobediência com meu pai, enveredando pelos caminhos espinhosos da política.

Graças a Deus, não me arrependi. Ter entrado na política não me trouxe tantos dissabores.

Muito tempo depois, meu pai, o velho e combativo Ricardo Alvarenga Tripoli, também teria essa certeza. Muitos amigos, muitos eleitores, muita gente que cruza o meu caminho, alguns de maneira efêmera, outros que me acompanham na labuta das eleições, fazem a mesma pergunta, querem saber como virei político.

Como responder a isso de forma concreta, precisa? São vários momentos, foram vários fenômenos, e não foi nada fácil. De qualquer forma, a abertura que tive para o mundo político se deu de maneira mais curiosa do que exatamente difícil ou programada.

O enlace com a política nasceu quase que natural, porque meu pai, advogado, que tinha sido suplente de vereador e secretário de Turismo e Eventos de Osasco, depois presidente do Conselho Municipal de Turismo da cidade de São Paulo e suplente de deputado estadual pelo PMDB, certo dia, acho que já absorvido e assoberbado pela vida pública, jantando em casa e conversando comigo e com meu irmão, Roberto, foi taxativo:

-Vocês escolham a profissão que vocês quiserem, mas nunca enveredem pela política, porque ela traz muitos dissabores, muita mágoa e muito rancor, uma coisa que machuca muito as pessoas é a vida pública, procurem outras profissões.

Nessa época, a adolescência tomava conta dos nossos sonhos e preocupações, nós tínhamos uns 15 ou 16 anos, pouco menos, talvez, mas eu me recordo de quando ele fazia as campanhas do marmiteiro Hugo Borghi (nascido em Campinas em 1910, neto de italianos, industrial, agricultor e político influente no governo Vargas, presidiu o diretório paulista do PTB em 1946, quando se candidatou ao governo do Estado nas eleições realizadas em janeiro de 1947), contra Adhemar de Barros, que saiu vitorioso.

Era numa época que hoje parece remota, em que as pessoas ainda precisavam levar cédula pra votar.

Na porta da minha casa, nossa equipe formada por familiares, amigos e irmãos novos, distribuía as cédulas e a garotada adorava fazer isso porque virava uma festa. Sim, distribuir cédulas para as pessoas irem votar, com aquelas campanhas e o clima de muita competição, tinha um sabor mágico.

E eu não tenho mais dúvidas de que essa história acabou ficando na minha cabeça e na cabeça do Roberto. E nos influenciou definitivamente.

Do conselho do meu pai às cutucadas daquele desafio criado a partir do entusiasmo de todos na hora de votar, forjou-se o elo. Claro que imaginei que eu também poderia passar por aqueles momentos, em outra dimensão. A imaginação não descansou, pois, bem no fundo, senti que esse, sim, era um imenso desafio, meio que instransponível, eu avaliava, mas muito estimulante.

Como sempre, é o tempo que aplaca, ensina, reorienta. E o tempo passou. O Roberto decidiu rumar para o campo da publicidade e eu fui fazer Faculdade de Direito.

Sem ter muita certeza, estava indo exatamente para o ambiente próprio onde poderia enxergar as coisas de outra maneira. O Direito, ser advogado. E nascia um desejo que se colocava como um segundo desafio que eu abraçava.

O primeiro, advindo da observação política, ainda abafado; este, de advogar, compreender as leis, e tudo o mais que se aprende no curso, uma certeza. Na faculdade, é bom que eu frise, sempre fiz questão de participar de tudo.

No começo, logo na Associação Atlética, dentro do Centro Acadêmico 22 de Agosto da PUC, onde eu fui presidente em 1975. Pronto, estava escancarada a receita da alquimia social que mudaria minha vida para sempre.

A partir do Centro Acadêmico, minha irremediável ligação com a política começa a se desenhar, tímida, mas firme. Essa época foi essencial para nós estudantes, porque nela se desenhava um momento crucial vivido pelo país, e nós precisávamos compreender aquilo, tomar posições, discutir, intuir possibilidades do futuro.

Estava fervilhando a época mais tumultuada politicamente da Universidade Católica, o período da invasão da PUC pelas forças de repressão do Estado, período das grandes construções de alternativas políticas para o Brasil acesas pelo desejo de liberdade.

Convivíamos com incertezas, o assombro da crise institucional sem precedentes manchava nossa história, crise única e violenta, nos moldes das maiores do mundo, com as peculiaridades brasileiras.

Na PUC, tínhamos uma forte divisão de ideologias. O Diretório Acadêmico convidou o senador Jarbas Passarinho, que tinha sido ministro da Educação do ex-presidente Garrastazu Médici, para dar uma palestra. Nós, do Centro Acadêmico, avançamos e convidamos o grande jurista e também senador da oposição Paulo Brossard, que defendia com unhas e dentes a democracia.

O emérito professor Goffredo da Silva Teles Júnior dirige à nação um texto redigido por ele, lido em 8 de agosto de 1977 nas arcadas do Largo de São Francisco, na Faculdade de Direito da Universidade de São Paulo, assinado por dezenas de importantes signatários, repudiando a ditadura militar.

O texto, brilho para nossas esperanças, entrou para a história como Carta aos Brasileiros. O libelo exigia o fim da ditadura militar e dizia, entre outras coisas:

> *"Das Arcadas do Largo de São Francisco, do Território-Livre da Academia de Direito de São Paulo, dirigimos, a todos os brasileiros esta Mensagem de Aniversário, que é a Proclamação de Princípios de nossas convicções políticas.*
>
> *Na qualidade de herdeiros do patrimônio recebido de nossos maiores, ao ensejo do sesquicentenário dos cursos jurídicos no Brasil, queremos dar o testemunho, para as gerações futuras, de que os ideais do Estado de Direito, apesar da conjuntura da hora presente, vivem e atuam, hoje como ontem, no espírito vigilante da nacionalidade.*
>
> *Queremos dizer, sobretudo aos moços, que nós aqui estamos e aqui permanecemos, decididos, como sempre, a lutar pelos Direitos Humanos, contra a opressão de todas as ditaduras.*
>
> *Nossa fidelidade de hoje aos princípios basilares da democracia é a mesma que sempre existiu à sombra das Arcadas: fidelidade indefectível e operante, que escreveu as páginas da liberdade, na história do Brasil.*
>
> *"Estamos certos de que esta Carta exprime o pensamento comum de nossa imensa e poderosa Família - da Família formada, durante um século e meio, na Academia do Largo de São Francisco, na Faculdade de Direito de Olinda e Recife, e nas outras grandes Faculdades de Direito do Brasil - Família indestrutível, espalhada por todos os rincões da Pátria, e da qual já saíram, na vigência de Constituições democráticas, dezessete Presidentes da República."*

O destemor daqueles mestres, daqueles juristas, daqueles intransigentes defensores das liberdades nos dava um estímulo, porque nós brigávamos por mais liberdade, por espaços universais, pela palavra, pelas formas de comunicação livres, ainda num período onde falar era perigoso.

Na pesada noite de 22 de setembro de 1977, pouco mais de um mês de lançado o marco histórico da Carta aos Brasileiros, documento já então proibido pela ditadura militar e que não podia mais ser lido em qualquer espaço público brasileiro, e nós teimávamos lendo no TUCA, o campus da nossa PUC sofre violenta invasão patrocinada pelas forças da repressão.

De minha parte, naquela convulsão ferrenha de discussões e tendências, discursos e ações estudantis, eu tomava partido; não que eu fosse exatamente um sujeito engajado na esquerda, mas eu tinha simpatia pelos que lutavam por uma condição melhor de vida, pela igualdade social, pela democracia, musa inspiradora de tudo aquilo.

Eu não fazia parte de nenhum grupo político-partidário que identificasse que eu era de direita ou esquerda, mas eu era um socialista, disso tenho convicção, queria uma melhoria para o país, e falava abertamente, acho que por isso mesmo é que meus colegas me elegeram presidente do Centro Acadêmico. Nesta frente de batalha, imediatamente fui procurar minha filiação ao MDB, mais adiante PMDB.

O imã da política atraía uma presença constante nas ideias que me incomodavam, no cotidiano de observações que eu fazia no centro daquelas manifestações, e logo surgiram, de maneira suave, os primeiros resultados de toda aquela imantação ideológica.

Eu cursava, então, o último ano de Direito na Pontifícia Universidade Católica de São Paulo, quando meu pai me apresentou a um amigo dele que já era vereador no início de 1978, e candidato a deputado federal. Um político importante, que tinha um escritório de advocacia muito conhecido, um criminalista famoso chamado Samir Achôa. A proposta era estagiar no escritório dele, advogado quase que imbatível nos tribunais do júri.

Estava definida, a partir daí, a receita que começaria a experimentar daquele primeiro desafio: de estagiário de advocacia, acabei me envolvendo na questão política. E nela estou até hoje.

Ricardo Alvarenga Tripoli, meu pai, disputara a eleição de 78 para deputado estadual, numa dobradinha feita com Samir Achôa candidato a federal, junto com Franco Montoro senador e também Fernando Henrique senador, os dois senadores que disputavam as eleições naquele momento, onde brigavam três senadores na sublegenda.

Eu estava perto daquele universo que vestia, como uma luva, as minhas aspirações de recém-formado, com o sangue estudantil vibrando nas veias, alimentando de maneira saudável, tudo o que eu pensava.

Comecei a me aproximar cada vez mais daquele assunto novo, tão atraente, e quando Samir se elegeu deputado federal, meu pai ficou como suplente e quase que assumiu - teve uma votação grande naquela época - 19 mil votos. Meu pé estava na advocacia, por um período, mas sempre com os olhos voltados para outro horizonte, olhando com interesse e admiração o fervilhar político.

Não havia mais como recuar daquele objetivo. Eu presidia o diretório do já constituído PMDB de Perdizes, bairro onde eu nasci e vivi, na zona oeste de São Paulo. Para minha sorte esse diretório era extremamente rico de gente boa, dono de boas cabeças, companheiros que pensavam na frente, todos cheios de intenções sociais que pudessem beneficiar a população.

Presentes lá, em nosso grupo, Lauro Ferraz, Arnaldo Madeira, Castelo Branco, Roberto Cardoso Alves, Alberto Goldman, vários nomes que militavam, frequentavam aquele diretório. Naquele ponto exato, o velho e combativo MDB, por força da Lei, transformava-se em PMDB, vivíamos o ano de 1979. Todos os partidos tinham que acrescentar um P na frente da legenda existente. Estava batizado o PMDB.

Aí, o que acontece? De 78 a 82 no mesmo período em que eu estava advogando, exercitava o trabalho de militância no partido, muito voltado, desde aquele tempo, para a questão ambiental. Minha preocupação com o destino ambiental do planeta era tão arraigada, despontava tão severa, tão grande, que em 1978 nós organizamos uma entidade chamada PROJURÉIA, instituição que nascia em defesa da Juréia, procurando formas para evitar que os militares instalassem as usinas nucleares no Vale do Ribeira.

Por causa deste berço extraordinário da natureza existente ali, nós conseguimos fazer do Vale do Ribeira um santuário ecológico, e o resultado de tanta luta determinou a mudança das usinas nucleares para outro local e foram deslocadas para Angra dos Reis.

De certa forma definia-se com o PROJURÉIA a montagem de minha trincheira social e política em defesa da natureza, do meio ambiente, e, consequentemente, de todo ser humano.

Conseguimos, com tamanho esforço, que aqui em São Paulo fosse implantada uma unidade de conservação ambiental, com 72 quilômetros de praias virgens e uma mata exuberante na vastidão do Vale do Ribeira, absolutamente conservadas, até hoje, mas o nascedouro foi em 78.

Enfim, se definia um quadro que me atrai e fui trabalhando duro. Quando chega o ano de 1982, meu pai, com energia renovada a cada luta, nos disse: "olha, eu não sou mais candidato, chegou o momento de novas lideranças, de novas pessoas entrarem."

O Samir que era deputado federal achou que estava na hora de mexer nos quadros, o irmão dele, Jamil Achôa era candidato a vereador também.

Tripoli, Sampaio Doria (de terno escuro) e Covas discursando, na Câmara Municipal de São Paulo. A foto, de 1983, é da Divisão de Iconografia e Museus da secretaria Municipal de Cultura.

Encerramento da Convenção Municipal do PSDB, Câmara Municipal, em 11.05.96. Na mesa, Tripoli, Franco Montoro e Mario Covas. Foto de Ângelo Perosa.

Aprendendo na rua

Eu trabalhava um lado mais jovem, mais rebelde, mais novo das questões que surgiam como motivações emergentes e acabei me envolvendo muito nesse processo. Ajudado pelo meu pai que tinha uma visão política de elaboração de campanha fantástica, era um marqueteiro nato, num período em que não existiam agências de publicidade comandando campanhas eleitorais, meti a cara.

Ele era um sujeito avançado, ligado nas novidades, que nasceu na frente, porque pensava grande numa campanha, sugeria campanhas modernas, campanhas que, obviamente, atingissem mais as pessoas, com mensagens de leitura e entendimento mais fáceis e diretas. Fui muito feliz nessa eleição porque a nossa campanha em 82 foi uma campanha muito cheia de criatividade e esforço de todo o grupo.

Para minha surpresa, aquela trabalheira toda deu certo, obviamente aprendi muito e trabalhei de maneira incansável, não parava, ia pra feira, ia para porta de faculdade, ia pros quatro cantos da cidade.

São Paulo era meu grande fascínio, é meu grande centro de aprendizado. Eu já conhecia a cidade e tinha um comitê na Vila Carrão, na Rua Dentista Barreto, tinha um em Americanópolis, zona sul, bairros que eram, em tese, periferias naquele tempo. Dos comitês, corria pra fazer campanha no centro.

Felizmente, eu procurava ter um pouco mais essa visão geral, global, de que precisava ir a todos os lugares, de compreender como é que era a cidade naqueles dias e o que as pessoas queriam para suas vidas numa cidade que crescia desesperadamente, todo dia, sem controle.

Insistia nas discussões de todas as coisas e de todos os fatos, para incluir os anseios das pessoas que a cada hora se aproximavam de nós naquele processo todo. Uma campanha muito dinâmica, porque não havia tempo para parar nem ficar sem comparecer em cada lugar onde estavam os apelos dos nossos interlocutores.

Eu percorri todos os diretórios das faculdades, do Mackenzie até a PUC, até o Largo São Francisco, visitava as faculdades particulares e ia ao Objetivo, onde eu dei aula. No Colégio Objetivo eu tive uma grande oportunidade pelo fato de poder apresentar o Fico, em 1982, no Parque do Ibirapuera, um instante inesquecível, com o amigo Di Gênio me abrindo as portas.

Além da importância do evento, único do meio estudantil em sua extensão cultural, outro episódio foi determinante para minha vida: conheci a jovem professora Suzana Ribeiro Guimarães, orientadora do Objetivo da Avenida Paulista. Hoje, Suzana Tripoli é minha esposa, companheira inseparável de todos os momentos.

O Festival Interno do Colégio Objetivo existe desde 1971 e é o mais tradicional festival de musica estudantil do Brasil. Convivi com esta efervescência calorosa de maneira emocionante. Estudantes, professores, gente do povo entoando a vida em cada canção que surgia.

O país pulsava. Por tudo isso, os contatos com muitos alunos, muitos estudantes, deu à campanha um rosto amplo, aberto, pontilhado de mensagens de alcance popular e propostas inovadoras, de muita riqueza.

Ali, de outra parte, aconteceu um fato curioso e tínhamos que fazer um esforço grande para minimizá-lo ou, na pior das hipóteses, transformá-lo: porque eu nunca tinha colocado meu nome na rua e nunca tinha disputado nenhum cargo público. Era justo que as pessoas não soubessem quem era o Tripoli. Havia apenas um pouco daquela lembrança da campanha do meu pai em 78.

Era a hora. Eu candidato a vereador. Nós reforçamos o otimismo e partimos para a briga com outro padrão de qualidade e colocamos mais força na campanha; mas quando saia a pesquisa na rádio Jovem Pan, que era a pesquisa eleitoral mais cobiçada, nada aparecia do candidato Tripoli.

Todo mundo aguardava o que a Jovem Pan ia falar, porque ela tinha aquela força de formar opinião, de consultar os ouvintes, e depois ainda tinha a sedução dos debates do programa do Ferreira Neto. Ferreira fazia os debates de televisão e a Jovem Pan era a rádio que divulgava as pesquisas de opinião pública que iam influir nos eleitores. A Pan, sob o comando competente de Fernando Vieira de Melo, fixava-se uma lenda do rádio e do melhor jornalismo.

Toda vez que saia a relação de prováveis candidatos a serem eleitos para a Câmara Municipal de São Paulo - eram 33 vereadores, não 55 como atualmente -, dos 33 candidatos a Jovem Pan apenas divulgava o nome dos 10 primeiros mais citados pelo eleitor.

Para meu desespero, nunca sai em nenhuma relação, encontrava várias pessoas que diziam que eu estava eleito, aquela conversa toda, mas como não tinha pesquisa eleitoral onde eu aparecesse, e não tinha como a gente saber, depois, como é que estava a apuração nem as intenções de voto, eu vivia uma angústia sem tamanho.

A apuração era feita à mão, nos ginásios do Ibirapuera, Palmeiras, Corinthians, no Pacaembu; eram vários ginásios que concentravam a contagem dos votos, de maneira artesanal, abrindo as cédulas, conferindo as cédulas; uma pessoa abrindo, outra conferindo, outra anotava no mapa eleitoral. E aquela profusão de papéis, com os mapas de resultados, todos pregados na parede.

É fácil compreender o desespero dos candidatos. Principalmente candidatos como eu, marinheiros de primeira viagem, porque a gente levava pelo menos uns 10 ou 15 dias para saber se estava dentro ou não, se estava eleito ou tinha sido derrotado. A ansiedade enorme, cruel.

Nós ficávamos ali, de plantão, com aquele grupo de amigos que nos auxiliavam, alguns de infância, outros colegas de faculdade, outros militantes do próprio PMDB, conferindo e esperando. Com esperança. Não tinha outro jeito. Meus irmãos Rubão, Reginaldo e Roberto formavam um bloco sólido, suado. Mais parecia um partido dentro do próprio partido. A vontade de vencer era maior do que tudo.

Todos ficavam submetidos ao atraso das apurações. De novo o meu pai, com sua experiência, aparecia para arranjar uma saída menos dolorosa. Ele fazia parte de um grupo combativo das Faculdades Metropolitanas Unidas, que dava aula lá. Terminou trazendo todo o grupo para nos ajudar nessa campanha, e aqueles colaboradores permaneceram junto conosco, vendo o resultado da apuração, naquela ansiedade gritante. E, para nossa surpresa, acabada a apuração, eu apareci, enfim, como o terceiro colocado na capital.

Eu e meus amigos tínhamos vencido. As boas notícias também assustam e me assustei, pois o terceiro nome, o terceiro mais votado estava lá, Ricardo Tripoli, com 65.920 votos.

Como de praxe, comecei a ser procurado para entrevistas, para falar na Jovem Pan, falar na Rede Globo, na Record, Rádio Eldorado, e por aí, todos queriam saber de onde surgira o nome de Ricardo Tripoli. Os entrevistadores explicavam que já tinham anteriormente uns 10 ou 15 nomes elencados para entrevistas, como candidatos vencedores, e o meu nome nunca apareceu.

A vitória, com tantos votos, a vitória em si, pegou todo mundo de surpresa. A bancada do PMBD elegeu 15 dos 33 vereadores, depois tinha o PTB, a Arena, remanescente do PDS e o PT que, pela primeira vez, elegeu 5 vereadores: a Luiza Erundina, Tereza Lajolo, Irede Cardoso, João Carlos Alves e Cláudio Barroso. Os outros 13 eleitos ficaram entre o PTB e partidos que compunham a Câmara Municipal.

O vereador Altino Lima, presidente da Câmara, ficou provisório. Elegemos Franco Montoro governador em 82, foi a primeira vez que tivemos eleições diretas para governador de São Paulo. Aí, não era mais um indicado, Paulo Maluf se desincompatibilizou, passando o cargo para o seu vice, José Maria Marin, e com Montoro nós ganhamos a eleição. A imagem do dia da transmissão de cargo para o Montoro é poderosa, e permanece intacta até hoje.

A esposa do Marin secava o rosto dele, o governador suava muito, a situação era quase que vexatória para ele, pois a massa, nossa gente, nossos correligionários e o povão, todo mundo dentro do palácio; a militância era muito grande e a posse do Montoro extremamente efusiva, uma posse densa, comovente, simbólica, significava mudança de comportamento político, de conceito administrativo, de ideologia, de visão das coisas.

Eu, muito jovem, beirava os 29 anos, chegando à Câmara Municipal de São Paulo quando o prefeito seria indicado pelo Montoro, que remete o nome do seu candidato para a Assembleia Legislativa. O nome era do Mario Covas. Nós ganhamos por um voto a indicação do Mario Covas para prefeito de São Paulo.

Não sei o que se passou na cabeça do líder Mario Covas. Mandou me chamar para ser seu secretário de Negócios Extraordinários, como se fosse uma secretaria de governo. Não tinha pra onde correr. Ficaria sob meus cuidados o atendimento de gabinete, todo o atendimento das comunidades.

De repente, de vereador virei secretário e atendia a população, ouvia todo mundo, procurava encaminhar os pleitos. Fazia isso, confesso, constrangido, porque no secretariado dois dos meus ex-professores da Faculdade de Direito, José Afonso e Adilson Dalari, ocupavam pastas também, e eu tinha que tratá-los como secretários, colegas, e não como professores. Aos poucos fui me acostumando.

Vendo o meu desempenho, Mario Covas, com seu jeito pragmático e direto, determinou:

- Garoto, fica aqui do meu lado. Olha italiano, você fica aqui do meu lado e vamos trabalhar.

Muito inibido, ainda argumentava: prefeito, eu tenho que ficar na Câmara, posso lhe ajudar mais lá. Não adiantou. Fiquei secretário. Recebia em audiência sociedades amigos de bairros, fazia encaminhamento das questões trazidas pelos representantes da periferia, administrava interlocução com outros prefeitos e nas audiências públicas.

Como secretário dos Negócios Extraordinários de Mario Covas, eu contava com uma força de trabalho vigorosa e disposta: levei para ser o chefe de Gabinete meu irmão Roberto Tripoli, que também teve em 1978, a iniciativa de criar a instituição ProVerde, com a finalidade de resgatar as políticas ambientais direcionadas para o social e para as áreas mais urbanas, para a cidade mesmo. Roberto continuou sua luta pela ecologia. Ela deu frutos. Hoje, ele é atuante vereador de São Paulo, cumprindo sua sexta legislatura.

Covas era o prefeito das ruas. Não gostava de governar do gabinete. Vivia de mangas arregaçadas, em seu estilo de ver tudo onde as coisas estavam acontecendo. Lá ia eu, o secretário mais jovem, com ele, para os bairros mais distantes. Mario dava palpite até nos tamanhos e colocação de guias e sarjetas, fazia questão de administrar com o dedo na ferida, como se diz.

No fim de cada dia, o balanço somava uma diversidade incrível de trabalho, de condução de ações, de diálogo com a população onde ela gostava de se manifestar: no seu bairro, onde moram as pessoas. O nível de colegas na Câmara, e a equipe da prefeitura concentrava um time de primeira. Arnaldo Madeira, Marcos Mendonça, o Walter Feldman, o Andrade Figueira, Getúlio Hanashiro, perfaziam a equipe de 15 vereadores, era um time muito bom, que jogava unido, coeso.

A metade do meu mandato como vereador, permaneci como secretário do Mario Covas. Depois do término do mandato do Altino Lima, elegemos Marcos Mendonça presidente da Câmara, ele era líder do governo Covas, até então. Aproveitei o momento e pedi ao Covas para voltar para Câmara e me indicou líder do governo dele.

Um momento instigante, onde pude atuar de maneira a tocar os projetos do prefeito, conhecia as necessidades dele de perto, retornava do seu gabinete, e, no final da gestão, por uns oito meses, eu defendi na Câmara Municipal as nuances dos projetos do Executivo municipal.

O próximo passo, o embate complexo que exigia toda a essência política dos nossos líderes veio com a disputa da próxima eleição, fatídica, em que nós investimos todo empenho, todo o corpo a corpo, toda a energia na campanha do Fernando Henrique Cardoso, frente a frente com Jânio Quadros, o engenhoso e inteligente caudilho.

O resultado provocou um estrago emocional, como um soco no estômago. E um rombo político em nossa estrutura organizacional. Perdemos a eleição para Jânio Quadros. Comigo aconteceu uma inversão de atuação total: recém–eleito, com dois anos e meio como vereador da situação, de um dia para o outro, me transformo em vereador de oposição ao Jânio Quadros.

Outro período da minha vida, repleto de rumos jamais imaginados: uma antítese na totalidade de tudo aquilo que eu tinha passado com Mario Covas, passei com Jânio Quadros.

Um período riquíssimo e me permitia acumular experiência, sem apelo, sem pestanejar, sob a determinação e a força de duas grandes lideranças, Jânio Quadros e Mario Covas, dois combatentes completamente diferentes, com posições divergentes ao extremo, disparidades compensadas pela exuberância de conteúdo que os dois demonstravam.

Como iria me comportar se acabara de estar no governo Mario Covas na prefeitura, e, agora, transformado em opositor ao mandato do prefeito Jânio Quadros?

Tinha aprendido muito com Covas em 83, como seu secretário, com meu gabinete ao lado do dele e também do secretário de Comunicação, o jornalista Osvaldo Martins. Mario Covas tinha um atendimento de gabinete muito forte, muito compacto.

E o que eu fazia? Vizinho das decisões do prefeito Mario Covas, eu pude anotar uma característica muito interessante que marcava sua rotina. Ele fazia questão de reunir as pessoas dos bairros, verificava o valor que tinha disponível para investimento nas solicitações das sociedades amigos de bairros. Checava se era investimento em asfalto e se tinha condições de asfaltar, por exemplo, 5 quilômetros, mesmo que os moradores chegassem com 12 quilômetros de solicitação, reivindicados por 50 sociedades amigos de determinada região. Ele fazia as contas e dizia:

- *Vocês se reúnam e discutam qual é a prioridade, porque só posso mandar asfaltar 5 quilômetros, é o que eu tenho para dar pra vocês.*

Não dava outra: o pessoal se reunia, os líderes escolhiam as ruas que atendiam melhor a sociedade toda, as ruas onde existiam escolas, onde tinha policiamento, onde tinha que passar coleta de lixo, correio, gás, enfim, ele buscava saber onde se concentravam as prioridades dessas ruas, e depois disso, com tudo decidido, completava:

- Olha, vocês aceitaram 5 quilômetros, mas eu vou ter a possibilidade de oferecer mais 2 quilômetros, eu vou dar material e vocês vão ajudar na mão de obra.

Mario fazia uma parceria de autoestima com a população, jogava para as pessoas participarem do processo público, uma demonstração extremamente rica de sabedoria administrativa, política, com as opções resolvidas em várias e longas reuniões.

Ficou na lembrança de todos nós o primeiro mutirão do prefeito Mario Covas. Com um toque de humor, revelador da atuação do prefeito. Covas fez uma convocação do secretariado num sábado, todo mundo tinha que estar às 7h30min na porta da prefeitura lá no Ibirapuera e nos, secretários, de forma disciplinada, fomos cumprir a determinação.

O prefeito me pediu que arrumasse um ônibus, queria que fosse todo mundo no mesmo ônibus, num grupo só, para não haver dispersão e para, na viagem, já irmos conversando sobre a solução dos problemas de cada área que seriam encontrados e ele queria passar umas instruções e tal.

Às 8h em ponto, o ônibus sai com todos os secretários junto com o prefeito. Uma coisa curiosa e exclusiva, uma novidade. A imprensa aproveitou.

Quando nós estávamos perto da região da zona leste, bem lá na frente, aconteceu o episódio. Covas tinha o vício de fumar e, por causa disso, levantou-se do lugar onde estava sentado abrindo a janelinha do ônibus para a fumaça sair.

Levantou para falar alguma coisa para o grupo, quando viu que atrás do ônibus vinha uma fila interminável de carros oficiais. Não teve dúvidas, mandou o motorista parar o ônibus na hora, percebeu o que estava acontecendo e disparou aborrecido, para todos os secretários:

- Olha aqui, vocês estão pensando que vão ficar lá uma hora, uma hora e meia comigo e cada um vai embora em seguida, em seus carros oficiais? Vocês estão enganados, eu mandei vir este ônibus para todo mundo ficar junto e voltar junto, e se não for assim não vai ninguém. Vamos passar o dia no mutirão. Então, vocês tratem de descer e mandem esses carros de volta pra prefeitura.

Ele escalou um dos secretários que desceu foi lá e avisou aos motoristas para retornarem.

Foi um susto. Mario ainda sentenciou:

- Não senhor, vocês vão trabalhar comigo hoje o dia todo, e vai ser na zona leste, nós vamos visitar dois ou três mutirões organizados pela população, vocês vão ver como é que se faz mutirão, não importa se a tua pasta é ou não é ligada a essa área específica que vamos verificar, mas todo mundo tem que saber qual é o perfil dessa nova administração.

E mandou o Coronel Lorens, que era o chefe da Casa Militar, ordenar a meia-volta definitiva dos carros oficiais dos secretários.

O fato aconteceu logo em 1983 no começo da gestão. Retornamos à base por volta das 20h. Todo mundo almoçou lá no rancho, e cada um anotava na prancheta pessoal, aquilo que as pessoas pediam e as providências que deveriam ser tomadas. A participação tinha que ser integral, não havia participação delegada.

Mario Covas queria que os secretários tivessem intimidade com as sociedades amigos de bairros, com os moradores das regiões mais longínquas e carentes da capital almejando a realização de um projeto de integração total. Não admitia exclusão da sociedade dentro da prefeitura de São Paulo.

Os problemas dos grotões de São Paulo tinham que estar em nossas preocupações. Exigia a inclusão social sem pestanejar.

No meu caso, tinha que administrar a chamada Pró-Sabes, um atendimento específico para a sociedade amigos de bairros, eu precisava identificar os problemas, anotar o nome dos presidentes, dos associados e promover essas reuniões com ele, constantemente, durante a semana e no final de semana. Depois, se fazia a visita às regiões.

Entrevista coletiva no Palácio dos Bandeirantes. Lançamento do Projeto de Incentivos Fiscais. Da esquerda para a direita, Robson Marinho, Yoshiaki Nakano, Geraldo Alckmin, Mario Covas, Ricardo Tripoli, Émerson Capaz. Foto de Ângelo Perosa.

Coronel Ferrarini, Ricardo Tripoli e Lula, no gabinete da presidência da Assembleia. Fotógrafo não identificado. Arquivo Tripoli.

Jogo aberto

Mario Covas não tinha aquele negócio de reunião de trinta minutos, meia hora, era uma hora e meia, duas horas, no mínimo, principalmente porque sempre fazia questão de manter um diálogo com qualquer grupo, jogo aberto, não gostava de encerrar as discussões, simplesmente. Na hora em que terminasse a reunião, pé na estrada, e todo mundo era obrigado a saber o que fazer.

Nos finais de semana, com nós todos presentes, indo aos locais determinados, para fazer o tal dos mutirões, fossem de assentamentos de guias e sarjetas, construção de creches, de construção de hospitais, enfim, a ordem a ser cumprida era atender as demandas da população, privilegiando as mais pobres.

Covas sempre fez questão de fazer manutenção no centro da cidade, e construir uma estrutura nova para as regiões periféricas. Eu já estava dentro da política. Jovem, com um amadurecimento adquirido na marra. Líder de Covas na Câmara, eu pude perceber a maneira dele agir com os vereadores.

Era o início de uma nova lição que eu precisava aprender, pois, mais de uma década adiante, serviu de base em minha atuação na Assembleia Legislativa do Estado.

A relação do prefeito com os vereadores era muito boa, embora o PMDB tivesse 15 vereadores dos 33. O prefeito sempre procurava manter uma conversa franca, muito honesta.

Covas não tinha essa coisa de ocupação de espaço por espaço. As pessoas podiam até sugerir nomes para cargos, havia esta abertura, mas se o indicado para um determinado cargo não fosse uma pessoa que tivesse condições reais de tocar uma administração, de atuar no seu posto, ele não aceitava. Ele olhava para o resultado, porque queria prestigiar os vereadores em suas regiões e tudo tinha que acontecer bem.

A Câmara Municipal vinha no voo daquele costume ruim, aquela coisa de toma lá da cá, e esse procedimento foi interrompido na gestão do Mario Covas.

Contudo, uma profunda diferença nos colocava bem distantes de outros grupos, de outros partidos. Nesse período a gente estava indo muito bem politicamente, e nas questões administrativas também.

O que acontece? Nós tínhamos que eleger o sucessor de Mario Covas, porque não existia a figura da reeleição e, por isso, ele não podia se candidatar novamente, e a seu favor contava com um prestígio pessoal muito grande.

A saída foi buscar na figura do Fernando Henrique Cardoso o nosso candidato a prefeito, à sucessão de Mario Covas. Fomos para a campanha, fizemos grandes reuniões, comícios, meu pai montou um grande comitê na Avenida da Liberdade, enorme, onde nós juntávamos os universitários e toda a sociedade da região.

Em nossa frente um adversário muito forte e uma figura muito carismática, que naquele momento já não tinha mais compromisso com a sociedade, tinha compromisso com ele mesmo, tanto que, quando perguntavam ao candidato Jânio Quadros qual era o programa de governo dele, respondia: "o programa sou eu."

Quer dizer, nosso adversário era uma pessoa personalista, político de carreira, dono de um estilo fora de moda, e já não cabiam mais candidatos assim naquela altura dos anos oitenta. Mas Jânio era inconfundível.

Penso que a sociedade ainda não tinha entendido que nós estávamos num campo de mudança, de renovação, que era preciso um esforço coletivo para que novos princípios fossem cristalizados, e acabou elegendo, obviamente, o Jânio Quadros prefeito.

Não ganhamos a eleição por várias razões, mas, e principalmente, nós ainda éramos neófitos nessa questão política, e nosso adversário, muito rápido e habilidoso, usava as suas metáforas, as suas armadilhas vocabulares, os seus trejeitos cênicos, que o ajudaram a cativar o povo e, com isso, ia construindo um processo que para os olhos daqueles que viam a figura apelativa, teatral de Jânio, consagravam o candidato como um homem precursor da novidade, empreendedor, um homem que acabaria com os desmandos. Ledo engano.

Perdemos para o Jânio porque com toda aquela encenação, aquela experiência performática, ele se tornou um pai para quem queria o emprego público, daquele eleitor que queria um carguinho, queria a dispensa do ponto. Nosso contendor abraçou esse lado sem padrão ético, e com isso se tornou o prefeito de São Paulo. Uma pena.

Voltando no tempo, recordo que não foi muito fácil fazer oposição ao Jânio. Eu tinha permeado meu trabalho, claro, assentado em um discurso de oposição bem forte.

O caminho exigia mantermos a posição acirrada, mas é preciso dizer que muitos vereadores do PMDB foram junto com Jânio Quadros e estes não acreditavam que o nosso grupo fosse fazer uma política construtiva, que nós teríamos um futuro político. Ofereci, em nome do partido, dura resistência na Câmara Municipal fazendo oposição ao Jânio Quadros.

Ora, o Jânio era uma figura fantástica, na acepção definitiva da palavra. Não era de gestão, mas de mídia. Numa época sem marqueteiros, Jânio era o próprio, fazia das suas, como daquela vez, quando pendurou uma chuteira na porta do gabinete para dar o recado de que dali para frente ele não seria mais candidato a nada.

Jânio fazia política combinando uma coisa e descombinando no dia seguinte. Armava e desarmava. Viajava para o exterior e não avisava ao seu vice Artur Alves Pinto, e o vice entrava em pânico, porque era um deputado estadual, e se assumisse no lugar do Jânio, não poderia mais ser candidato. Quando Jânio viajava, o seu vice era obrigado a sair do país também.

A situação seria cômica, se não fosse trágica: Jânio ia para a Inglaterra e o vice viajava para o Paraguai, para poder estar em outro país, não assumir a prefeitura e não ficar inelegível. Isso foi constante aqui em São Paulo, pois Jânio sempre estava na contramão de tudo.

Você criava e ele desmontava, qualquer coisa que você criasse ele desmontava, não observava o princípio de submeter nada à Câmara Municipal, passava por cima de tudo. Eu estava vendo a história acontecer, os movimentos do prefeito Jânio Quadros, ao alcance das mãos, mas nós tínhamos naquela época muita dificuldade de atuar.

Fazíamos um rodízio de vice-líderes: o Walter Feldman, Arnaldo Madeira, Marcos Mendonça. Revezávamos. Fazia-se tremendo esforço para segurar as iniciativas intempestivas do prefeito. O Jânio tinha atitudes incríveis.

Eu era presidente da Comissão de Justiça, e ele me pedia que liberasse, a qualquer custo, projetos da prefeitura, queria que a peça orçamentária passasse pela Comissão sem emendas, e eu não permitia, de maneira nenhuma, que isso acontecesse.

Certo dia ele me convidou para uma conversa - e com o Jânio a gente tinha que tomar muito cuidado, tinha que levar testemunha -, eu sempre levava alguém junto, porque depois da conversa, ele inventava um resultado que não era aquele que a gente tinha conversado.

Eu dizia olha prefeito, a oposição tem algumas alterações para fazer, e ele reagia, "não, não, não aceito, tem que ser desse jeito, do jeito que está aqui." Eu respondia que não era possível assim: não aceito isso, nós vamos votar. O que ele fazia?

Oferecia qualquer coisa, o que você quisesse, era só pedir. Eu via aquele político em minha frente, com aquela dimensão, mas uma figura que não tinha compromisso com nada nem ninguém. Ele insistia com o canto da sereia, sua especialidade:

- Você é um rapaz novo, jovem, nós vamos aqui indicar o secretário, o subprefeito.

Na época o cargo era de administrador regional, e eu dizia prefeito, o que nós queremos é trabalhar em cima do projeto que o senhor mandou para a Câmara Municipal e se o senhor quiser fazer um substitutivo, nós aceitamos, além disso, não há o que conversar. Retrucava:

- Se os senhores não acreditam em mim, por que eu tenho que acreditar nos senhores?

Jânio Quadros era assim.

As histórias com Jânio Quadros são muitas. Cada uma guardando o seu respectivo efeito para cada situação. Numa delas, que diz bem a respeito da maneira dele negociar o que pretendia, aconteceu quando o vereador Gilberto Nascimento, evangélico, líder do seu partido, foi discutir itens do orçamento.

Lá pelas tantas, a conversa estava esticando a corda demais, ninguém mais aguentava porque o prefeito não abria mão de nada, queria porque queria que o encaminhamento se desse à maneira dele, não havia oportunidade de negociar algumas emendas ao orçamento para que os vereadores pudessem atender reivindicações de interesse da sociedade.

No limite, Gilberto Nascimento bateu na mesa e disse:

- Minha bancada está se retirando desta reunião, eu vou embora prefeito, fique com Deus.

E foi caminhando. Antes de abrir a porta, o prefeito Jânio Quadros levantou-se e bradou:

- Gilberto, se o senhor vai embora não tem nenhum problema e leve o seu Deus consigo, não o quero mais aqui.

Esta era a maneira de Jânio conversar com a Câmara, não respeitava formalidade nenhuma, achava que estava acima do bem e do mal.

Eu e alguns companheiros de partido, ainda ingênuos, estávamos entre duas grandes escolas, a do Mario Covas assentada no aspecto ético, de conduta, de moral, e a outra escola, a do Jânio, onde não havia garantia de nada, os acordos firmados com o prefeito ficavam à deriva, certamente não seriam cumpridos, representando um personagem completamente diferente de tudo que a gente pensava do político. Fiz oposição a ele até o final.

Esses do nosso partido que acompanharam Jânio Quadros, por incrível que pareça não se reelegeram na eleição seguinte, e eu fiquei dois anos sem mandato, pois não me candidatei em 1988. Migrei para o PSDB. O nosso pensamento não encontrava mais eco dentro do PMDB.

O PMDB estava fugindo dos seus objetivos, quer dizer, o partido fora criado nos anos da ditadura exatamente para inovar, quando o bipartidarismo dominava o cenário. Ou você era da ARENA ou você era do MDB, composto por várias forças de várias áreas, e nosso grupo já começava a falar uma linguagem que não era permitida mais ali.

Cada um de nós, com ideias diferentes. Eu tinha vindo da área universitária, outro vinha do movimento social, outro vinha da educação, todos com suas experiências, mas querendo usar os mesmos argumentos partidários.

As coisas começaram a ficar muito ruins no PMDB, ou seja, o comportamento do pessoal era diferente, éramos tratados como anarquistas, nós estávamos criando conflitos dentro do partido com nossas ideias de mudança e o partido estava muito conservador para aquele grupo que estava iniciando uma caminhada distinta na política.

No 42º Congresso Estadual dos Municípios na Praia Grande em 26.03.98.
Com Émerson Kapaz e Mario Covas. Foto de Ênio de Freitas.

Com Mario Covas, no Encontro Empresarial na Fiesp em 13.03.97. Foto de Ângelo Perosa.

Mudança, urgente

Houve, no meio deste desvio de rumo que o próprio PMDB propiciou para o nosso grupo, o chamamento do Fernando Henrique Cardoso, do Franco Montoro e do Mario Covas para fazermos parte do novo partido, o PSDB, criado de maneira contundente e aglutinadora no Brasil inteiro, em meados de 1988.

Como sempre, Covas - que exerceu a liderança da minoria na Constituinte -, assume a dianteira, e resolve entregar cargos ao governo. A partir daquele momento, articulamos a nova frente, a frente do PSDB, baseada na social democracia.

Com esse conceito abrangente, nacional, com a força dessas grandes lideranças, nós fomos montando o partido que tinha um apelo muito forte, por conta do Fernando Henrique e do Montoro, na classe média, e no seio da população por conta do Mario Covas.

Vieram somar forças outros grandes líderes brasileiros, José Richa, Euclides Scalco, Cristina Tavares, Moema São Thiago, Pimenta da Veiga, o Almir Gabriel que também era muito ligado ao Covas, enfim, amigos do Covas, Fernando Henrique e do Montoro. Aspiravam um horizonte mais claro, centrado no Brasil inovador.

Em 1990 nós consolidamos o partido e fomos disputar o governo de São Paulo. Perdemos a eleição com o Mario Covas nosso candidato, mas ganhamos em 1994.

Em 1990, quando eu me elegi deputado estadual, engraçado, aconteceu a repetição de um fato do passado na Câmara Municipal. Nós éramos 9 deputados estaduais eleitos pelo PSDB, 3 migraram para o Fleury governador do PMDB na época, e 1 foi ser secretário do Maluf na prefeitura, e nós ficamos em 5 na oposição, resistindo do mesmo jeito.

Em 1994 nos reelegemos e aqueles que mudaram de lado nunca mais voltaram ao Parlamento paulista. A sociedade, em sua evolução, em suas análises, em sua maneira particular de avaliar homens, fatos e seus desdobramentos, é um agente inteligente, e constata, declara o desejo de que você, o político, tem que ter fidelidade aos compromissos assumidos não só com o partido, mas com as pessoas que acreditam naquele partido.

É uma lição que se deve levar para a vida inteira, muitas vezes relegada, pelo afã de alguns políticos na busca de seus objetivos. A sociedade rejeita o perfil dos políticos vazios. Isso começou a se refletir imediatamente.

O Brasil vivia mal. Nosso país tinha uma dívida cumulativa, perigosa, nociva ao desenvolvimento nacional, com o Fundo Monetário Internacional. Estrangulado pela falta de crescimento econômico, o Brasil estava imerso em um pesadelo terrível.

Aqui, estávamos vivendo os comandos de dois elementos contrários na política. Elegemos Franco Montoro governador de São Paulo, mas na prefeitura estava o Jânio Quadros, que era exatamente o que o passado queria.

Ao darmos os primeiros passos da mudança, de ruptura política com o clientelismo, eu mesmo alimentava a certeza de que esse processo não tinha mais como voltar, seria a dimensão exata do futuro.

Com a chegada tumultuada do Jânio, uma invasão cheia de trejeitos, meio que interrompeu esse processo. Houve um retrocesso com a instalação do prefeito Jânio no Ibirapuera, não há como negar, e tanto é verdade que, todo mundo que era mais voltado para o comportamento antigo, da política de promessas, sem projeto, continuou nele, incluindo nesse conjunto pessoas que eram de outro segmento.

Esse pessoal todo se aglutinou em torno do Jânio Quadros e nós ficamos firmes, insistindo com o nosso discurso moderno de transformação. Principalmente sob a liderança de Mario Covas, homem que tinha praticidade, engenheiro formado na Politécnica, mas amadurecido pela conflagração da violência política, cassado que fora pela ditadura militar e que estava voltando para a vida pública.

Na outra ponta, Fernando Henrique representava a visão abrangente, intelectual e acadêmica dos problemas, vinha da universidade, professor, com substancial e lúcido caldo de cultura que nós precisávamos, como classe política, estimulante para mudar o Brasil.

Era imperioso absorver e aprender. Estava posta a grande novidade do mapa político. Nossa certeza se movia numa direção pragmática: fazer a cidade de São Paulo, o Estado de São Paulo e o Brasil, navegarem em novos ares de cultura, de dimensão política, de discernimento social.

Conceitos modernos, avançados, adaptáveis ao crescimento brasileiro e nada mais justo do que começar essa verdadeira metamorfose de benefícios humanos na sociedade, por São Paulo. E será que o governador Franco Montoro entendia perfeitamente isso? Estava claro que sim, porque era um homem que realçava pontualmente cada item desse discurso.

Este horizonte de procedimentos na vida pública de São Paulo se mostrou claro em duas vertentes: Montoro era a tão sonhada e desejada renovação no governo de São Paulo e a prefeitura fazia o contraponto, o episódio contrário.

Com tudo isso, com este emaranhado de gráficos distintos de atuações e ideologias, situações controversas em São Paulo, tendo dois polos totalmente antagônicos na direção dos poderes executivos da cidade e do estado, mesmo assim não tinha problema, porque nós sabíamos o que pretendíamos para o Brasil e para Estado de São Paulo.

Eu estava certo de não abandonar aqueles compromissos que nós havíamos assumido em 1982 e 1983, que eles teriam continuidade, que o fato de a sociedade ter tropeçado naquela eleição, em direção ao Jânio Quadros, era um fato transitório, não era motivo para desanimar, e, sim, um estímulo para que nós pudéssemos retomar esse posicionamento, com uma elaboração mais eficiente. Sem brechas para turvos discursos.

A eleição do Jânio, ao contrário do que se pensa, transformou-se num elemento básico, inspirador, catalisador de nossas forças, e permitiu ao nosso grupo retomar todo esse trabalho com uma energia calçada em novos programas, novos acertos, novas respostas para a população e, em contrapartida, um aval da própria população ao que pretendíamos.

A constatação dessa certeza, a resposta entusiasmada do povo de São Paulo, aconteceria em 1995, quando voltamos ao governo do Estado com Mario Covas governador. Como deputado estadual, sentava-me na cadeira de presidente da Assembleia Legislativa, carregando a chance de apresentar a todos nosso modelo eficiente e ético de gestão.

É verdade que antes disso, fiquei dois anos fora da política. Tinha na cabeça a convicção de que encerrara um ciclo, porque como eu tinha sido eleito vereador, com uma votação enorme para a época, havia trabalhado muito na Câmara como líder e também secretário do prefeito Mario Covas, logo em seguida vivendo outro período na oposição ao Jânio Quadro, imaginei, com humildade, que tinha terminado o tempo de minha missão. Decidi: vou voltar para a vida fora da política e advogar.

E voltei mesmo a advogar, eu achei que era um chamamento da profissão, da advocacia, porque quando saí da faculdade, era para advogar mesmo, aplicar no cotidiano as lições dos bancos da faculdade.

Além de minha militância política, a outra que me atraia muito, me seduzia com força era fazer advocacia, eu gostava de fazer júri e fiz vários júris durante o tempo em que deixei de lado a prática política.

Mas o dia a dia me atropelou e ensinou que na política, tudo pode acontecer e, principalmente, a gente nunca se afasta dela de fato. Eu sempre mantive no meu diretório, presença leal, participação constante, dava a minha contribuição dentro daquilo que eu podia fazer.

Durante o dia advogava, me entregava às causas jurídicas e, no final do dia ou nos fins de semana, me dedicava às reuniões do partido. Em 1990 o Mario Covas me chama dizendo que ele seria candidato a governador.

A confiança decorria dos anos trabalhados com ele, muito tempo mesmo, mantendo com Covas uma agenda de conversa uma vez por semana, ou de 15 em 15 dias, no mínimo, e a gente sempre atualizava a conversa, as ponderações, os rumos do partido e dos seus projetos.

Reafirmou que ia se candidatar a governador e queria que eu fosse para o processo. Ponderei: olha, senador, qual é a minha parcela de contribuição? Eu posso ajudar aqui na capital, minha base é aqui, e eu posso te ajudar na capital. Do seu jeito próprio, ele retrucou:

- *Não, não, você tem que ser candidato a deputado estadual.*

Mas eu já encerrei meu ciclo, ponderei. Mario, mais taxativo ainda:

- *Não, não, você se prepara que nós vamos ter que ter candidatos a deputado estadual aqui na capital, nós precisamos ter uma bancada.*

Não tinha por onde escapar e aceitei a guerra nova e nós começamos o esquema da campanha eleitoral para deputado estadual. O partido elegeu nove deputados estaduais e eu fui um dos dois eleitos da capital naquele momento, porque o Getúlio Hanashiro também se elegeu pela capital. Sete eram candidatos eleitos do interior: a Celia Leão, de Campinas, o Clemente Manoel, de Várzea Paulista, o Luiz Carlos Neves, de Carapicuíba, Bernardo Ortiz, de Taubaté, o Zé Maria, de Santa Barbara do Oeste e o Roberto Engler, de Franca.

Era o time de deputados estaduais eleitos em 1990. Primeira bancada eleita do PSDB. E a triste derrota. Infelizmente não conseguimos eleger Mario Covas, perdemos a eleição para o Fleury, uma judiação, não somente para todos nós, para o Mario, mas especificamente, para São Paulo, que sofreria muito.

Enfim, mais uma vez estávamos nós lá, na oposição, e alguns colegas não resistiram e foram para o governo Fleury, saíram do PSDB. Naquela época o filiado podia sair dos partidos, não havia a lei de fidelidade partidária e um deles foi apoiar o prefeito Paulo Maluf como secretário.

Ficamos apenas em cinco na oposição ao Fleury. O quadro era estimulante. Na verdade éramos cinco do PSDB e a bancada do PT, o grupo que fazia oposição ao governador eleito do PMDB.

Uma coisa é certa, eu acho que o fato de termos colocado muito claramente a nossa posição de vanguarda na eleição de 1990, as alternativas de administração boas para o Estado de São Paulo, fez com que a gente pudesse ajudar na estratégia da eleição do Mario Covas em 1994.

O coroamento de tanta luta, de tanta insistência em defesa de princípios de retidão com pretensões de modificar o quadro de gestão pública em São Paulo, finalmente veio 5 anos mais tarde. Mario Covas governador e nós com quase vinte deputados estaduais, um volume razoável de parlamentares para atuar a partir de 1995 e pendurar no imaginário paulista um quadro de esperança e resultados. E os resultados foram indiscutíveis.

Eu era um dos deputados eleitos em 1990. Compunha a primeira bancada eleita do PSDB, a primeira bancada de deputados da legenda participando de uma eleição. Apesar de não termos conseguido eleger o nosso governador, Mario Covas, e até por isso mesmo, ganhamos nova força.

Claro que combati na oposição, porque obviamente nós não concordávamos com o governo que se instalava no Palácio dos Bandeirantes. Ficava exposto isso, porque fundamos o nosso partido, o PSDB, numa clara decisão de ruptura com o partido que começa a dirigir o governo do Estado de São Paulo, que era o PMDB, totalmente modificado, totalmente diverso do antigo MDB.

Mario Covas era senador, com seus direitos políticos subtraídos pela ditadura, readquiridos em longo sofrimento, ele e Fernando Henrique. Em 1990, fiz ferrenha oposição ao governador Luiz Antônio Fleury Filho, criteriosa, por ser exaustivamente moral, e contrastante com o governo de então.

Nós mantivemos um combate na Assembleia Legislativa com o intuito revelado de termos um candidato naquelas eleições de 1994, que pudesse fazer a substancial diferença de caráter politico e governamental, diferença estrutural, em todas as dimensões, que São Paulo reclamava, merecia e precisava.

O que eu observava no Parlamento paulista me dizia que teria que brigar também por alternativas que estabelecessem uma diferença de comportamentos e ações na própria Assembleia, no âmago burocrático do Parlamento, eu via isso porque nós tínhamos que ter uma instituição acoplada a fundamentos verticais, para um salto histórico.

Urgia a necessidade da instituição com dimensão de parceira revolucionária, rezando por uma cartilha ética e moderna que permeasse também com o que o Executivo não estava acostumado a viver, e fosse um ponto de equilíbrio para grandes decisões estaduais, que fosse alguma coisa que caminhasse junto, com independência, mas de forma harmônica, dois poderes interagindo a reconstrução de um estado como o de São Paulo.

Em 1994, Mario Covas faz uma campanha maravilhosa, uma campanha vigorosa. O nosso comitê chamava-se Ponto de Partida, ficava próximo ao Shopping Eldorado. Lá se instalou o grupo de trabalho com o pessoal que idealizava o programa de governo e ao mesmo tempo o pessoal que ia para linha de frente, no combate, na busca dos votos necessários pra gente poder eleger o nosso governador e uma bancada de deputados estaduais que lhe servisse de sustentação.

Mario Covas tinha uma marca incomum: ele era um sujeito que não se prendia ao poder pelo poder, ele tinha muito claro qual era o tipo de governo que São Paulo necessitava. E toda a preocupação dele era São Paulo. Ele dizia, abertamente, que nós tínhamos que focar aqui em São Paulo, mesmo com a projeção nacional que o assediava.

Quando ia a Brasília, a imprensa inteira queria ouvi-lo sobre as questões nacionais, mas naquele momento ele estava totalmente direcionado para trabalhar por São Paulo. Ele sabia que começando aqui em São Paulo, mostrando com sua clareza como é que essa máquina deveria andar, ou seja, como é que o governo deveria desenvolver seus programas, aí sim, o Brasil teria um exemplo.

Covas não descansava. Chamava todo mundo e pregava:

- Olha pessoal, nós vamos ter que colocar esse estado de pé.

Mostrava uma solidez emocionante de determinação. Mario estava consciente de que as dificuldades seriam imensas, porque nós estávamos pegando oito anos posteriores de duas administrações que abalaram o estado. Governos sabidamente frágeis que puseram o estado cambaleando. Ou seja, havia uma situação quase sem saída, inclusive com o governo federal pouco ajudando São Paulo, e São Paulo com dificuldades internas imensuráveis, mortais, e Mario insistia:

- Nós vamos para um desafio tremendo.

Aqueles instantes eram testemunhas de uma angústia que ele carregava e, mesmo assim, ensinava que tínhamos que encarar uma angústia por vez:

- Primeiro, vamos combinar de nós nos colocarmos em condições de ganhar uma eleição, e aí, sim, o grupo de trabalho a gente monta em função de ideias claras.

Era totalmente contra o processo de burocratização, embora todo mundo que vestia a roupa do inimigo dissesse que ele era uma figura estatizante. Ao contrário, tinha a coerência de um homem público de uma linha desenvolvimentista. E acima de tudo um democrata.

Dividia as decisões com a participação de todo mundo, qualquer dificuldade que existia, ele chamava para uma conversa, ou no escritório, ou na casa dele e o problema era discutido entre 5, 6, 7 ou 10 pessoas, depois, as ponderações eram levadas ao partido e outra coisa, não tinha nada escondido com ele, nada debaixo do pano, as coisas eram discutidas às claras, aquela coisa de segredo em política, que é muito comum, aquela conversinha de pé de ouvido e tal, isso Covas não fazia, jamais.

Cada membro da equipe sabia onde ele estava, onde pisava e o que queria. Tanto que administrava dando exemplos, não ficava impondo sugestão para as pessoas de sua confiança, gostava que os exemplos dele, sua maneira de tocar as ações, indicasse o melhor caminho para os colaboradores. Chegando 1994 o chamamento foi franco. Olho no olho:

- Pessoal, a gente já passou por uma dificuldade grande, nós vamos ter muito mais tempo para poder, enfim, encarar o grande desafio, que é agora.

Tivemos que aumentar o volume da oposição, porque até ali tínhamos que nos virar com 5 parlamentares. O ano de 1994, com uma campanha complexa, grave, postava-se em nossa frente. Eu estava convencido que a comunidade paulista, que a população paulistana, também se envolveu no processo e percebeu que Mario Covas, na outra eleição de 1990, onde saíra derrotado, tinha ficado com crédito.

Minha certeza era evidente por tudo aquilo que ele tinha dito e pelo comportamento de vida exposto. Vence as eleições em 1994 e assume em 1995. Busca os melhores quadros que sua intuição poderia buscar para as secretarias de estado, eram pessoas extremamente preparadas. Nosso governo iria enfrentar mais que dificuldade, mas Mario Covas tinha, na verdade, uma vontade de ferro de resolver os problemas e dizia:

- Aqueles que estiverem conosco, vão caminhar conosco.

Com Covas não tinha esse negócio de mandar currículo para que alguém pudesse preencher uma vaga. Ele orientava outra coisa:

- Olha, quero um profissional em cada área.

Fazia essa interação com os parlamentares, por exemplo, como uma maneira diferente de governar, quando entrou no Palácio dos Bandeirantes, não cansava de repetir:

- Vou fazer um governo que atenda o Estado de São Paulo primeiro; segundo, eu não vou governar para um partido político.

Quer dizer, se o sujeito que estivesse como prefeito não fosse do mesmo partido da gente, isso não importava para Mario Covas:

- Eu fui eleito para governar um estado, então, se o prefeito de qualquer cidade for de outro partido, não tem problema, se aquele município tem necessidades, eu vou atender o município.

Seguia a mesma linha de pensamento com relação aos parlamentares, pregava olhando de frente:

- Vou fazer com vocês o seguinte, onde tiver uma obra, uma atuação,

uma participação do governo, eu vou prestigiar o deputado daquela região ou daquela questão temática, porque é o deputado que tem nos ajudado na Assembleia Legislativa.

Tinha sempre bem claro o desempenho dos deputados e sempre fez essa referência:

- Os deputados são componentes extremamente importantes para essa modificação que precisamos fazer.

Era insistente:

- Nós temos que democratizar o Estado de São Paulo, nós temos que fazer com que São Paulo tenha o rosto das pessoas que vivem aqui, nós temos que fazer com que as pessoas entendam que o governo é partícipe de um processo que elas possam identificar como governo para São Paulo. São Paulo é um estado trabalhador, um estado que se envolve nas questões e nós não podemos ficar longe disso, se nós ficarmos longe das pessoas, nós não iremos governar São Paulo como se deve governar.

Por outro lado, registro um detalhe: ele acabou pegando um governo numa situação dificílima, entrou no primeiro dia com o Banespa já sob intervenção, ou seja, ele sequer teve condição de opinar, de auxiliar sobre o que fazer a respeito do Banespa.

A folha de pagamento dos funcionários do estado estava atrasada, 13º salário dos funcionários públicos atrasado, merenda escolar com os pagamentos atrasados, os presídios com todo tipo de problema, tanto que o governador tinha que chamar os empresários e renegociar os contratos, pedindo que eles atendessem emergencialmente o sistema carcerário, enfim, um caos instalado no governo. E Mario Covas repetia, sem medo:

- Eu vou ter que administrar isso aqui da maneira como encontrei.

Continuei a trabalhar na Assembleia Legislativa, tentando ampliar um pouco o horizonte, porque com 17 deputados em 94, ficava difícil conseguir administrar nossas necessidades. Fui obrigado a falar com ele: governador, a bancada estadual me designou para negociar com os demais partidos políticos uma base de sustentação para o seu governo na Assembleia Legislativa e eu vou atuar nessa área, mas eu preciso saber exatamente onde a Assembleia Legislativa deve contribuir para ajudar a restaurar o equilíbrio do estado.

A forma direta e sincera de reagir do governador possuía uma magia especial. A resposta:

- Olha doutor Tripoli, nós vamos precisar de muita coisa, não vai ser fácil o que vai acontecer daqui pra frente, você foi um grande parceiro, eu gostaria, se você quiser, que venha para o governo, eu queria que você integrasse o governo e cuidasse da questão ambiental.

Ponderei que eu estava trabalhando para poder construir um nome confiável que pudesse lhe dar tranquilidade lá na Assembleia Legislativa. Reage:

- Tenho um grande receio, porque nós estamos em minoria na Assembleia Legislativa e nós não vamos negociar nada que não seja aquilo que for de interesse do Estado de São Paulo, não vou interferir absolutamente em nada.

Fico muito tranquilo, governador, em saber disso e você me conhece bem, respondi. Mario insiste:

- Não, eu queria muito é que você compusesse o governo com a gente.

Teimei: mas você vai precisar de alguém na Assembleia Legislativa, alguém que possa lhe dar retorno de todas as questões, e ajudar a sustentar o seu governo. Mais aliviado, ele acolhe minha proposta:

- Então, eu fico muito feliz com isso, é um grande desafio que você está aceitando, não vai ser nada fácil.

O governador sabia, no fundo, de todas as dificuldades que viriam, porque na Assembleia se instalara o mesmo costume atávico, antigo, nocivo, arraigado lá, aquela coisa de o governo assumir dividindo o próprio governo entre os parlamentares, agradando a deputados, premiando com os espaços políticos existentes, uma interdependência, um toma lá dá cá cruel, e naquela hora não se permitia isso, pois o nosso projeto era de mudança radical, e os deputados já sabiam dessa premissa, e alguns não queriam.

Eles se assustavam por causa do perfil do Mario Covas, o estilo dele de fazer política, até porque a gente já tinha passado pela prefeitura, fizemos a intervenção no sistema viário, no transporte coletivo, tínhamos criado a passagem gratuita para pessoas com mais de 60 anos, incentivamos o desenvolvimento dos mutirões nos finais de semana, enfim, as pessoas entendiam que era um governo voltado para o povo mesmo.

Tudo isso mostrava claramente a hipótese de uma diferença de gestão administrativa, lá atrás ele tinha sido um dos melhores parlamentares da Câmara dos Deputados, e o segredo do Mario Covas é que ele conseguia juntar as duas coisas: surgia como dono de um modelo de gestão no Executivo como ex-prefeito, e escancarava outro modelo como deputado federal e como senador, transformado num dos grandes indutores de políticas públicas do Brasil.

Quando tivemos esse diálogo, a bancada não só já havia me designado para ser a pessoa que encaminharia as negociações com os demais partidos, como entendeu que eu poderia ser a figura que representaria o PSDB na presidência do Parlamento.

Entregaram-me um documento, que guardo até hoje, me autorizando a negociar com os demais partidos desde que o PSDB ficasse com a presidência e com a vice-presidência da Assembleia Legislativa. Diante de tanta confiança, não pude recuar nem perder tempo. Comecei a costurar com aqueles partidos que se encontravam na oposição, no sentido de compor a Mesa Diretora e fui conversar com Mario Covas.

Informei-o dizendo que estava encaminhando a conversa, e perguntei o que ele achava das sugestões que eu dava, explicava que o PT, por exemplo, nunca havia participado de uma Mesa e seria muito importante que o partido estivesse conosco, pelo fato deles terem uma representatividade inequívoca e seria um gesto fundamental e democrático, o PT era dono de uma bancada poderosa, e eu achava que nas questões sociais o PT caminharia com a gente. Mario Covas achou muito salutar essa costura, tendo a participação de novos partidos na Mesa Diretora. O PPR ficaria com a segunda-secretaria, o PT com a primeira-secretaria e o PSDB com a presidência.

Cumprimenta Kim Young, presidente da Coréia do Sul, observados por Geraldo Alckmin e Mario Covas, em 10.09.96. Foto de Ângelo Perosa.

Na campanha para prefeito com o candidato Fernando Henrique Cardoso tendo ao lado Samir Achôa. Foto de Fernando Pimentel da Agência Estado.

O momento da conciliação

O PT indicou o Professor Luizinho, combativo deputado do partido, e o deputado Conte Lopes, outro valente deputado da oposição, foi indicado pelo PPR. Fiz uma reunião à noite, com os partidos, acho que terminou umas 22h30min ou 23h, eu representava a bancada do PSDB, o Rui Falcão representava a bancada do PT, e o Erasmo Dias representava o PPR.

Eu dizia para ambos que nós teríamos que ter um projeto de governabilidade da Assembleia Legislativa, nós não poderíamos mais fazer uma eleição em cima de nomes, puramente, como era feito no passado, de maneira descomprometida, se nós não apresentássemos um projeto de governabilidade da Casa, nós não teríamos credibilidade internamente com os demais deputados estaduais, nem com a sociedade.

Concordaram, convenceram-se da repetência dos procedimentos, só mudavam as figuras, e havia deputados antigos contrários a uma reforma. Conseguimos elaborar um documento de governabilidade, juntos, PSDB, PT e PPR. Esse documento foi lido e relido e nós apresentamos às três bancadas com um aviso: essa é a proposta que nós vamos implantar na Assembleia Legislativa, não é algo que nós tiramos das nossas cabeças ou porque simplesmente queremos, não.

Mudamos o quadro existente. Foi muito interessante porque nós introduzimos o chamado Colégio de Líderes, um colegiado que não tinha na Assembleia Legislativa, e vinha como uma grande uma novidade lá dentro.

A ideia era prática e funcional: nós teríamos o presidente da Casa discutindo com os líderes das bancadas, a Ordem do Dia, já que cabe ao presidente elaborar este item do regimento, determinando quais são os projetos prontos para entrar na pauta ou não. Com o Colégio de Líderes, buscávamos quais os projetos de interesse das bancadas, quais os projetos de interesse do Executivo dando oportunidade e abertura a todas as propostas.

Eu, como presidente, obviamente elaborava a Ordem do Dia com base num balanço do conjunto, uma Ordem do Dia paritária, absolutamente equilibrada, contendo projetos do governo e projetos dos parlamentares.

Construía-se, com esta ação, equilíbrio na condução do projeto para a eleição da Mesa. Ou seria dessa forma, ou a agente não faria nada, tudo ficaria como antes. A negociação de bastidores consta dos itens do projeto de governabilidade da Assembleia que apresentamos.

A par disso, vinha de forma emergente e complicada, a questão da estrutura interna do Parlamento. Como é que a gente deveria fazer para modificar aqueles procedimentos cristalizados ao longo dos anos? Era dramático e cruel ao mesmo tempo. Coisas absurdas aconteciam como, por exemplo, quando tomei posse em 1991, no meu primeiro mandato, cheguei à sala sorteada para mim e lá já estavam 4 ou 5 funcionários me aguardando. E me abordaram:

- Deputado, nós queríamos conversar com o senhor, porque queremos trabalhar no seu gabinete.

A ocasião permitia uma possibilidade desastrosa para os quadros da Assembleia. O deputado poderia ter um funcionário, que era chamado funcionário da Casa, vindo da biblioteca, da taquigrafia, ou de outro setor qualquer. Naquele caso, na porta do meu gabinete, cada um era exatamente de uma área diferente. Qual era a real situação? Como se dava essa transferência? Se tirava, sem dó nem piedade, funcionários da estrutura da Assembleia para trabalhar nos gabinetes dos deputados. Eu fui claro, convencendo-os de que aquilo não seria possível, e eu perguntei as razões daquela atitude, por que queriam vir pro meu gabinete? A resposta clássica:

- *É que nós temos uma gratificação de gabinete e queremos continuar com ela.*

Uma coisa absurda, quer dizer, aquilo já devia estar embutido no salário dos funcionários dentro de um plano de cargos e salários fora de qualquer lógica administrativa e funcional. Aquele exemplo veio ao encontro do outro item do projeto de governabilidade instituído por nós, a criação de um plano de cargos na Assembleia Legislativa, verticalizando as funções e os méritos para que o funcionalismo fosse suprido de competência, atribuições corretas e remuneração adequada.

Tínhamos a proposta de inovação que atingia a todos com um compromisso decente. Ganhou, em concorrência pública, a empresa especializada Boucinhas & Campos Consultores para elaborar e executar o projeto e nos assessorar na sistematização da dinâmica na área de administração. Os processos decisórios careciam de agilidade executiva.

Com esse plano nas mãos, abrimos espaço para o PT oferecer um nome para a primeira-secretaria e pedindo ao PPR que fizesse a mesma coisa, e eu tenho o documento original assinado desse nosso acordo que é uma honraria. Eu estava conversando com os dois blocos opositores visando conseguir uma aceitação de conciliação de trabalho. O que estava em jogo era o horizonte da sucessão da Mesa e mais, a oportunidade de uma mexida emblemática na Assembleia, porque era um momento político peculiar.

O PT nunca tinha sido governo, a não ser com Luiza Erundina na prefeitura, mas era uma novidade se falar no PT dirigindo a Mesa da Assembleia, num governo antagônico.

Mas tínhamos que estar plenos de consciência e objetividade para que esse encontro pudesse se completar. É que o PPR tinha o estereótipo de partido de direita, assim como o PT, de esquerda. Como é que íamos conduzir uma casa com visões díspares sobre o aspecto ideológico? A correlação de forças, emergida de conversas, permitiu o pacto. Conseguimos acertar tudo com esse documento ratificando os pontos do projeto de governabilidade. O PT disse o seguinte:

> *- Olha Tripoli, se essa proposta que você esta apresentando estiver no contexto da gestão da Assembleia, nós votaremos fechado no nome que o PPR indicar e no caso do PSDB também.*

Fui então à direita e perguntei ao Erasmo Dias como é que eles viam a questão do PT estar conosco na direção da Assembleia. Se o projeto fosse para a Assembleia, subscreveriam:

> *- E nós vamos em frente também. Quem o PT indicar, nós vamos homologar porque nós não estaremos homologando só um nome, estaremos homologando uma proposta de governabilidade.*

Deu certo e com essa proposta nós fechamos o acordo que parecia inacreditável. O PT, por sua vez, se reúne e tira o nome do Professor Luizinho; o PPR se reúne e tira o nome do deputado Conte Lopes e ai sim, eu passo a ter minha interlocução como candidato a presidente, e a conversar com os dois representantes das bancadas.

Conversa simples, que meus dois aliados compreendiam perfeitamente: temos aqui uma proposta de trabalho árduo para a nossa Assembleia, com alternativas de mudanças importantes para o futuro, nós vamos ter que fazer a implantação destas reformas e eu quero saber o que vocês querem incluir dentro dessa proposta e vamos juntos, subscrever sua concretização.

Nosso rumo tinha uma bússola que apontava na direção da moralização. Por ausência absoluta de planejamento, a extravagância tinha se transformado numa deplorável parceira. A Assembleia abrigava um número excessivo de gente, e não controlava os gastos, que excediam as previsões. A moralidade coroava os nossos intentos.

O Mario Covas guardava facetas distintas de atitudes curiosas, porque embora as pessoas imaginassem que ele fosse um homem centralizador, era exatamente o contrário, não era nada do que se dizia dele, deixava você à vontade, para que pudesse navegar livre, digamos assim, e evitava orientações sem propósito para o diálogo com os parlamentares. Na grande maioria das vezes, eu é que o procurava para dizer: governador eu queria lhe participar que está tudo indo bem lá. E ele:

> *- Tá indo bem mesmo? Como é que estão os deputados, as bancadas, você imagina que a gente consiga num determinado momento maioria para aprovação dos projetos?*

Governador, eu respondia, nós vamos começar a colocar em prática o programa de ações que decidimos para Assembleia Legislativa, nós vamos ter que mudar o rosto da Assembleia, para poder, exatamente, prepará-la para caminhar no sentido de estudar detalhadamente estes seus projetos do Executivo. Não tem mais jeito, não há mais como esperar, embora independente, temos que mudar algumas situações na Casa para gerar reciprocidade e lhe dar respaldo mais consistente. As mudanças que devemos imprimir na plataforma administrativa de lá, serão radicais, contudo, o mais importante é que temos a simpatia de duas bancadas fundamentais, e eu acho que agora é a chance de conquistarmos os deputados de outros partidos que queiram se incorporar a essas intenções de um programa de reformas bem elaborado e firme.

Eu queria conquistar meus pares, imbuído de um sentimento de recomeço. O resultado esperado surgia da participação de todos. Alterar uma rotina que, a olhos vistos, precisava de reformas, e isso instigava nossa determinação. Prenunciava-se vamos dizer assim, um começo mesmo, e lá longe a satisfação. Nós mudamos o perfil da eleição da Mesa, que escondia um esquema de escolha atrasado, corriqueiro, sem motivação política, ideológica ou mesmo de trabalho.

Era nossa obrigação formular um patamar eletivo regenerador. A estratégia da eleição da Mesa Diretora da Assembleia Legislativa até aquele momento, se dava na base da troca, mesmo. A troca era escancarada: eu te dou o cargo no governo, eu te dou o cargo tal, aqui na Assembleia, eu te dou espaço não sei onde, te dou isso, te dou aquilo, uma decepção.

Não se fazia a eleição na base do comprometimento, não se tinha como horizonte propostas construtivas, imperava ausência total de fibra e, para nós, naquela hora, foi bom porque o clima político pedia uma visão extensa, de longo alcance, mais abrangente, mais competente. Meu programa administrativo acalentava sugestões de cada um de nós, e fui trabalhar sua aceitação junto aos deputados, primeiro, com os partidos políticos e depois individualmente.

Minha abordagem era direta, sem rodeios, porque os deputados que entendessem que aquela proposta seria boa para a instituição, favoreceriam a oportunidade de um novo governo, e, felizmente, encontrei um aliado ainda silencioso: é que nesse período havia uma vontade enorme da população por mudança, em querer dizer que os discursos estavam cansativos.

Eu pensava e cheguei a declarar a colegas de Parlamento que, se não fizéssemos uma alteração urgente nesta caminhada, a Assembleia iria degringolar de vez, e São Paulo, provavelmente, teria uma intervenção federal porque o caos era de ponta a ponta, olhando o mapa da herança que os ex-governadores deixavam para a gestão do PSDB.

O desastre administrativo anterior conspirava a nosso favor. No Palácio dos Bandeirantes e na Assembleia Legislativa. O pacote de coisas deploráveis e os desmandos soavam lamentáveis. Um caos financeiro, econômico, social, político, um problema muito sério aquele pacote deixado no colo do governador Mario Covas, e as engrenagens enferrujadas de irresponsabilidades, careciam de lisura, vontade política, determinação e ousadia para voltarem aos eixos.

Se ele tivesse tido medo, não teria feito nada. E fui para o combate, inspirado tão somente na disposição da mudança e na certeza de que era chegado o momento de promovê-la e de divulgá-la como um princípio alentador. Ficamos dois meses e meio numa rotina de convencimento, teimosia, insistência, porque alguns deputados e muita gente mais não acreditavam naquela proposta geral e transformadora.

A jornada de conversas se estendia de gabinete em gabinete, dos 94 deputados, a grande maioria com extrema experiência de oposição, da porta radical direita e dos radicais de esquerda.

A chave do poder pertencia ao diálogo. Eu pensava: preciso seduzir e convencer exatamente os mais experientes e a palavra de ordem era a modernização, o conforto advindo com uma possível modificação no visual de gerência corporativa e política de um órgão público da importância da Assembleia Legislativa do Estado de São Paulo.

As decisões, na política, vêm muitas vezes acompanhadas de episódios fora do comum. Uma coisa curiosa era que os mais antigos deputados, e que tinham essa experiência de poder, haviam atuado como líderes ou secretários, detinham não só conhecimento gerencial como penetração na burocracia da instituição, guiados pelas mãos de alguns funcionários com livre acesso em todas as áreas da Assembleia.

Para sorte do programa de ações colocado sob o foco da modernidade e austeridade, única maneira de todos enxergarem o que nós pretendíamos, conquistamos muito apoio de funcionários da Alesp (Assembleia Legislativa do Estado de São Paulo). E não posso negar que me surpreendi, e o grau de surpresa foi tão alto, que me animei mais ainda: percebi como os funcionários queriam que a Assembleia fosse modificada, eles mesmos não aguentavam mais, principalmente aqueles que não aceitavam o clientelismo, aqueles preparados para funções específicas, aqueles que viam no serviço público uma missão a ser cumprida. O caminho apontava a meritocracia.

Era hora de trocar o carreirismo ineficiente pelo preparo funcional. Os funcionários mais antigos, essa era a lógica, imaginavam continuar a dominar os demais funcionários, pois tinham a sabedoria das trilhas a percorrer na entidade, dominavam o caminho das pedras como se dizia, e não queriam largar privilégios.

Do outro lado, a cumplicidade vinha dos funcionários de maneira geral, pois também já diziam: isso não é justo que continue acontecendo, precisa mudar. Eles não estavam enganados a respeito do péssimo tratamento que o funcionário público recebia no dia a dia. Funcionário público da Assembleia era visto através de uma lente arcaica, muito negativa, com reflexo de rejeição, muito ruim, conforme muitos narravam, e os sérios se ressentiam dessa desqualificação na sociedade.

Contudo, a insistência e a boataria criadas pelos mais antigos erguia uma muralha sistemática, endêmica. Ai, o que acontece? Naquela peregrinação, com o projeto de reformas debaixo do braço, pelos corredores, muitas vezes eu cruzava com antigos servidores, acostumados àquela burocracia e bradavam abertamente frases com um tom ameaçador:

- Conheço esse negócio, vai mudar agora, mas quando chegar ao finzinho da eleição, você vai ver, e essas eleições que vocês estão pretendendo não vão muito longe, não, isso aí é coisa de quem esta começando agora, isso é muito idealismo para pouca prática.

Claro que era desalentador ouvir tais sentenças, porém, imediatamente, estas frases serviam de tônico político, revigoravam nossa vontade de não recuar. De fato, esse era o espírito divulgado por quem não aceitava olhar pra frente. Muitos deputados, mesmo quem estava conosco, tentavam argumentar que o momento não era propício para essa mudança. Precisava esperar. O remédio estava na agilidade. Os experientes se aquartelavam no jargão de ontem, queriam ainda manter o controle do Executivo sobre o Legislativo e utilizar moedas de troca falsas.

Não aceitavam essa independência escrita em nosso ideal de governabilidade. E deflagravam uma oratória assustadora: não, a Assembleia não pode ser independente do Executivo, essa dependência nos interessa sob todos os aspectos.

Nossa defesa, suada, cobria-se de argumentos: pessoal, o governo está se reestruturando, o Mario Covas está fazendo uma radiografia do governo como um todo, olhando as várias áreas, as dificuldades que se manifestam brutamente, e é tão grave a situação do estado, que ele mesmo, Covas, pessoalmente, faz a renegociação dos contratos existentes porque não tem dinheiro para pagar.

Precisávamos, a todo custo, que a Assembleia, cumprindo seus preceitos legais, socorresse o governo de São Paulo. Qual era a situação financeira? O governador chamava os donos de grandes contratos para conversar e dizia sem meias palavras, para quem quisesse ouvir:

- É o seguinte, aqui não tem o percentual por fora, não tem conversa atravessada, então vocês tratem de diminuir esse valor, porque o caixa

do estado está ruim, vocês diminuam mais ainda esses custos e peço que tratem de parcelar esse negócio.

Da Assembleia, tínhamos como ver o que se passava de maneira enfática no contorno da administração. A observação era um exemplo: víamos o governador ir, um a um, milimetricamente, discutir os contratos, e impelia todo secretário na direção de que fizesse isso, já que o arrocho financeiro chegava à beira do insuportável.

Na Assembleia Legislativa, o desejo era exatamente igual, fazer uma revisão de tudo o que acontecia na Casa, da mesma maneira, existiam situações atípicas, sufocantes, impossíveis de suportar por mais tempo.

E o problema orçamentário incomodava, não permitia que ninguém ficasse à vontade. Mas a resistência era empedernida. Muito trabalho temperado com conversa e mais conversa. Tanto é que, quando nós começamos a chegar próximo da eleição e os deputados perceberem que essa nossa proposta poderia gerar um problema para eles, com tamanha alteração estrutural no parlamento, foram buscar um adversário para fazer frente à minha candidatura na pessoa do deputado experiente Paschoal Thomeu que depois se tornou meu amigo, a filha dele já tinha sido deputada, me conhecia, mas ele veio como um instrumento desse processo de continuidade.

Eu queria conquistar meus pares, imbuído de um sentimento de recomeço. O resultado esperado surgia da participação de todos. Alterar uma rotina que, a olhos vistos, precisava de reformas, e isso instigava nossa determinação. Prenunciava-se vamos dizer assim, um começo mesmo, e lá longe a satisfação. Nós mudamos o perfil da eleição da Mesa, que escondia um esquema de escolha atrasado, corriqueiro, sem motivação política, ideológica ou mesmo de trabalho.

Era nossa obrigação formular um patamar eletivo regenerador. A estratégia da eleição da Mesa Diretora da Assembleia Legislativa até aquele momento, se dava na base da troca, mesmo. A troca era escancarada: eu te dou o cargo no governo, eu te dou o cargo tal, aqui na Assembleia, eu te dou espaço não sei onde, te dou isso, te dou aquilo, uma decepção.

Não se fazia a eleição na base do comprometimento, não se tinha como horizonte propostas construtivas, imperava ausência total de fibra e, para nós, naquela hora, foi bom porque o clima político pedia uma visão extensa, de longo alcance, mais abrangente, mais competente. Meu programa administrativo acalentava sugestões de cada um de nós, e fui trabalhar sua aceitação junto aos deputados, primeiro, com os partidos políticos e depois individualmente.

Minha abordagem era direta, sem rodeios, porque os deputados que entendessem que aquela proposta seria boa para a instituição, favoreceriam a oportunidade de um novo governo, e, felizmente, encontrei um aliado ainda silencioso: é que nesse período havia uma vontade enorme da população por mudança, em querer dizer que os discursos estavam cansativos.

Eu pensava e cheguei a declarar a colegas de parlamento que, não fizéssemos uma alteração urgente nesta caminhada, a Assembleia iria degringolar de vez, e São Paulo, provavelmente, teria uma intervenção federal porque o caos era de ponta a ponta, olhando o mapa da herança que os ex-governadores deixavam para a gestão do PSDB.

O desastre administrativo anterior conspirava a nosso favor. No Palácio dos Bandeirantes e na Assembleia Legislativa. O estado de coisas deploráveis e desmandos, soava lamentável. Um caos financeiro, econômico, social, político, um problema muito sério aquele pacote deixado no colo do governador Mario Covas, e as engrenagens enferrujadas de irresponsabilidades, careciam de lisura, vontade política, determinação e ousadia para voltarem aos eixos.

Se ele tivesse tido medo, não teria feito nada. E fui para o combate, inspirado tão somente na disposição da mudança e na certeza de que era chegado o momento de promovê-la e de divulgá-la como um princípio alentador. Ficamos dois meses e meio numa rotina de convencimento, teimosia, insistência, porque alguns deputados e muita gente mais não acreditavam naquela proposta geral e transformadora.

A jornada de conversas se estendia de gabinete em gabinete, dos 94 deputados, a grande maioria com extrema experiência de oposição, da porta radical direita e dos radicais de esquerda.

A chave do poder pertencia ao diálogo. Eu pensava: preciso seduzir e convencer exatamente os mais experientes e a palavra de ordem era a modernização, o conforto advindo com uma possível modificação no visual de gerência corporativa e política de um órgão público da importância da Assembleia Legislativa do Estado de São Paulo.

As decisões, na política, vêm muitas vezes acompanhadas de episódios fora do comum. Uma coisa curiosa era que os mais antigos deputados, e que tinham essa experiência de poder, atuado como líderes ou secretários, detinham não só conhecimento gerencial como penetração na burocracia da instituição, guiados pelas mãos de alguns funcionários com livre acesso em todas as áreas da Assembleia.

Para sorte do programa de ações colocado sob o foco da modernidade e austeridade, única maneira de todos enxergarem o que nós pretendíamos, conquistamos muito apoio de funcionários da Alesp. E não posso negar que me surpreendi, e o grau de surpresa foi tão alto, que me animei mais ainda: percebi como os funcionários queriam que a Assembleia fosse modificada, eles mesmos não aguentavam mais, principalmente aqueles que não aceitavam o clientelismo, aqueles preparados para funções específicas, aqueles que viam no serviço público uma missão a ser cumprida. O caminho apontava a meritocracia.

Era hora de trocar o carreirismo ineficiente pelo preparo funcional. Os funcionários mais antigos, essa era a lógica, imaginavam continuar a dominar os demais funcionários, pois tinham a sabedoria das trilhas a percorrer na entidade, dominavam o caminho das pedras como se dizia, e não queriam largar privilégios.

Do outro lado, a cumplicidade vinha dos funcionários de maneira geral, pois também já diziam: poxa, isso não é justo que continue acontecendo, precisa mudar. Eles não estavam enganados a respeito do péssimo tratamento que o funcionário público recebia no dia a dia. Funcionário público da Assembleia era visto através de uma lente arcaica, muito negativa, com reflexo de rejeição, muito ruim, conforme muitos narravam, e os sérios se ressentiam dessa desqualificação na sociedade.

Contudo, a insistência e a boataria criadas pelos mais antigos erguia uma muralha sistemática, endêmica. Ai, o que acontece?

Naquela peregrinação, com o projeto de reformas debaixo do braço, pelos corredores, muitas vezes eu cruzava com antigos servidores, acostumados àquela burocracia e bradavam abertamente frases com um tom ameaçador:

- Conheço esse negócio, vai mudar agora, mas quando chegar ao finzinho da eleição, você vai ver, e essas eleições que vocês estão pretendendo não vão muito longe, não, isso ai é coisa de quem esta começando agora, isso é muito idealismo para pouca prática.

Claro que era desalentador ouvir tais sentenças, porém, imediatamente, estas frases serviam de tônico político, revigoravam nossa vontade de não recuar. De fato, esse era o espírito divulgado por quem não aceitava olhar pra frente. Muitos deputados, mesmo quem estava conosco, tentavam argumentar que o momento não era propício para essa mudança. Precisava esperar. O remédio estava na agilidade. Os experientes se aquartelavam no jargão de ontem, queriam ainda manter o controle do Executivo sobre o Legislativo e utilizar moedas de troca falsas.

Não aceitavam essa independência escrita em nosso ideal de governabilidade. E deflagravam uma oratória assustadora: não, a Assembleia não pode ser independente do Executivo, essa dependência nos interessa sob todos os aspectos.

Nossa defesa, suada, cobria-se de argumentos: pessoal, o governo está se reestruturando, o Mario Covas está fazendo uma radiografia do governo como um todo, olhando as várias áreas, as dificuldades que se manifestam brutamente, e é tão grave a situação do Estado, que ele mesmo, Covas, pessoalmente, faz a renegociação dos contratos existentes porque não tem dinheiro para pagar.

Precisávamos, a todo custo, que a Assembleia, cumprindo seus preceitos legais, socorresse o governo de São Paulo. Qual era a situação financeira? O governador chamava os donos de grandes contratos para conversar e dizia sem meias palavras, para quem quisesse ouvir:

- É o seguinte, aqui não tem o percentual por fora, não tem conversa atravessada, então vocês tratem de diminuir esse valor, porque o caixa do Estado está ruim, vocês diminuam mais ainda esses custos e peço que tratem de parcelar esse negócio.

Da Assembleia, tínhamos como ver o que se passava de maneira enfática no contorno da administração. A observação era um exemplo: víamos o governador ir, um a um, milimetricamente, discutir os contratos, e impelia todo secretário na direção de que fizesse isso, já que o arrocho financeiro chegava à beira do insuportável.

Na Assembleia Legislativa, o desejo era exatamente igual, fazer uma revisão de tudo o que acontecia na Casa, da mesma maneira, existiam situações atípicas, sufocantes, impossíveis de suportar por mais tempo.

E o problema orçamentário incomodava, não permitia que ninguém ficasse à vontade. Mas a resistência era empedernida. Muito trabalho temperado com conversa e mais conversa. Tanto é que, quando nós começamos a chegar próximo da eleição e os deputados perceberem que essa nossa proposta poderia gerar um problema para eles, com tamanha alteração estrutural no parlamento, foram buscar um adversário para fazer frente à minha candidatura na pessoa do deputado experiente Paschoal Thomeu que depois se tornou meu amigo, a filha dele já tinha sido deputada, me conhecia, mas ele veio como um instrumento desse processo de continuidade.

*Com Mario Covas na Assembleia Legislativa.
Fotógrafo não identificado.*

Como presidente da Assembleia Legislativa, recebendo comitiva de funcionários do Banespa em 15.02.96. Foto Cerimonial da Assembleia.

A presidência estava próxima

A entrada do deputado Paschoal Thomeu, candidato do PMDB, para ser meu grande adversário na eleição na disputa pela Mesa Diretora, certamente era o receio de um grupo de deputados que resistiam ao nosso rumo inovador.

Quando nós apresentamos o projeto de governabilidade eles ficaram em pânico, estremeceram, pois se tratava de uma mudança muito arrojada para quem estava acostumado com as benesses da Assembleia e, na verdade, as benesses não eram da Assembléia, vinham do Executivo, oferecidas pelo Executivo.

Eles pretendiam ter um instrumento de pressão no Executivo como sempre, para resolver problemas locais, regionais e coisas do tipo, mas que servissem a seus interesses. Colocamos que continuando assim, a legitimidade do Legislativo estava em cheque, questionada, porque o Poder Legislativo tem que fiscalizar e controlar o Poder Executivo.

O Poder Legislativo no cenário de comando pode oferecer propostas e indicar ações, discutir projetos e elaborar leis, isso é legítimo, mas não deve se prestar ao papel de pressionar o Executivo de forma a obter vantagens que correspondam a interesses até pessoais e particulares.

A persistência dessa postura subserviente não deveria mais ser aceita, de forma alguma. A maioria dos deputados, para o bem do que veio depois, também pensava assim. Mas tinha uma central de boatos contra a mudança transformada em mídia interna bastante competente. O boato era tão grande que as pessoas, mesmo as que estavam com a gente, muitas vezes duvidavam do resultado, e coisas do arco da velha foram ditas, por exemplo, espalhava-se que não teríamos os votos necessários, já tinha caderninhos com os votos contados, de lado a lado. De qualquer maneira, essa turma se enganava, esquecia até mesmo que o voto era ainda secretíssimo, com cédula na mão e urna eleitoral dentro do plenário.

Tivemos que interromper o início da eleição porque o pessoal que se opunha à nossa candidatura retirou de dentro da cabine os nomes dos nossos candidatos, que era para o sujeito entrar e só pegar a cédula que tinha lá, aquela que era deles, com os nomes dos candidatos do grupo. Foram até esse ponto, e não era possível chegarem a tanto, inaceitável. Mas o fizeram.

A eleição precisou de fiscais que ficavam do lado da cabine de votação para controlar cada deputado eleitor que saia ou entrava, os fiscais conferiam as cédulas para verificar se constavam todos os nomes de todos os candidatos.

O dia da eleição, como acontece, foi um dia suado. A resistência não dormia, os ataques eram constantes. A fórmula de pressão que a oposição fazia tinha várias mágicas, oferecendo tudo para os nossos eleitores, que eram os próprios deputados.

Utilizar de muita franqueza era o ingrediente primordial e convincente, e eu dizia: vocês vão ficar de fora da reformulação, pois o governador tem necessidade de sanear e colocar ordem no estado e pelo estilo dele, não vai entregar cargo nenhum a nenhum partido, não vai ter o toma lá dá cá, se nós não tivermos uma força conjunta, tudo irá por água abaixo.

Claro, a alquimia da demagogia estava envolvendo muitos. De mangas arregaçadas, fomos pra briga. A eleição se deu no plenário da Assembleia, e confesso não me lembrar de ter visto uma eleição daquela em muitos anos, porque a candidatura única prevalecia na instituição como norma acabada e definitiva. Depois de um período enorme, mais de 10 anos, nenhuma disputa democrática acontecia em nossa Casa. Depois da ditadura militar, era a primeira eleição, de fato.

A democracia plena é uma festa, e não foi diferente naquela eleição. Ali se fazia a verdadeira revolução. Inimaginável, até aquele momento, a quantidade de gente que lotou o plenário, todos os espaços estavam tomados, e a mídia, por conta dessa possibilidade ruidosa de uma eleição ferrenha entre dois candidatos representantes de vertentes absolutamente opostas, também estava, toda, na Assembleia Legislativa cobrindo esse evento.

O noticiário ao vivo, principalmente das emissoras de rádio, fazia as previsões em boletins, informando, uns dizendo que daria a chapa encabeçada pelo PSDB e outros diziam que dava a chapa encabeçada pelo PMDB.

Chegada a hora dos discursos, apresentei a proposta de governabilidade do nosso grupo tentando capturar os espaços e para que houvesse entusiasmo dos nossos eleitores e de outros adeptos de última hora. Como já esperado, o candidato de oposição apresentou uma proposta de pura continuidade.

Fiscais da eleição por todos os lados, fiscais de urna, eram fiscais da sala de votação, eram fiscais de plenário, quer dizer, tinha que ter dois fiscais monitorando tudo, porque o resquício do autoritarismo e a vontade dos que não queriam mudanças estavam no ar.

Contornamos as tentativas de manipulação. Não tínhamos ainda painel eletrônico e na hora da votação e da apresentação do resultado, instalou-se uma tensão enorme. Começa a apuração. Demorou muito em razão do voto contado um a um. O presidente da Assembleia, Vitor Sapienza, manda despejar todos os votos na mesa. Todos os deputados, todos os fiscais, imprensa, todos na maior expectativa.

No começo o resultado estava equilibrado, mas da metade para o final da apuração é que começou a desequilibrar, o resultado começou a ser mais favorável para nossa chapa do que para o nosso adversário. Um sufoco.

Vencemos com uma diferença de doze votos a mais, dos 94 deputados que, em massa, votaram. Quase ao final, quando não dava mais para o oponente tirar nossa diferença, o pessoal comemorou. Fui jogado para o alto, não vi mais nada, a não ser a alegria e o entusiasmo geral. Foi uma comemoração marcante, não dá nem para narrar.

Recordo de ver meu pai ainda lá no cantinho, na assistência, com meus irmãos, meus filhos e minha mulher, vibrando e comemorando porque nós tínhamos trabalhado muito, vencendo a rotina cansativa na missão extenuante de convencimento das pessoas, que acabara de ser ratificada, com êxito incontestável.

Imediatamente, fui para o meu gabinete, que era um gabinete pequeno, e a transmissão do cargo seria no dia seguinte. O então presidente Sapienza foi extremamente cortês comigo, embora tivesse apoiado a outra chapa, mas expressou-se muito educado. Ainda muito emocionado, tive o privilégio de receber o telefonema do governador Mario Covas. Sem rodeios, bem ao seu estilo, disse do outro lado da linha:

- Olha aqui ô italiano, parabéns, vitória difícil, não foi? Agora você vai ver a encrenca que nós vamos ter pela frente.

Tudo bem governador, respondo, estamos aqui preparados, e nossa eleição prova isso, e vamos trabalhar juntos, no que eu puder ser útil serei, eu sei o respeito que o senhor tem pelo Legislativo, até porque já foi parlamentar. Mario Covas:

- Não, eu fico muito feliz que o processo tenha se dado dessa maneira, que foi um processo limpo, um processo diferente do que algumas pessoas imaginavam, olha parabéns.

Finalmente, construímos uma Mesa Diretora aberta, com a participação global dos partidos representativos na Assembleia. Era a Mesa da 13ª Legislatura, como presidente, eu estava à frente de um grupo combativo, que deu o melhor de cada um para a realização dos compromissos assumidos: Professor Luizinho, do PT, na primeira-secretaria; Clóvis Volpi, do meu partido, na primeira vice-presidência; Afanásio Jazadji, do PFL, na segunda vice-presidência; Conte Lopes, do PPR, na segunda-secretaria; Mauro Bragato, do PMDB, como segundo-secretário e Roberto Gouveia, do PT, na quarta-secretaria.

E depois de uma semana, ele me chama para uma reunião no Palácio dos Bandeirantes, num sábado. Estavam lá dois dos homens mais importantes da equipe, escalados para a difícil tarefa de promover a resolução dos graves problemas do estado em suas pastas: o professor Angarita, secretário de Governo, o secretário da Fazenda, professor Nakano, o governador e eu. Covas fez uma projeção de quase uma hora da situação do governo, e ao término ele disse diretamente a mim:

- Olha aqui Tripoli, nós teremos os dois piores anos da minha e da sua vida, não vai ser fácil, nós vamos ter que construir para poder colocar o estado de pé, então se prepare porque nós vamos ter que mandar projetos que não vão agradar muito às pessoas, mas é a única maneira que nós temos de fazer com que São Paulo volte a ser uma máquina de desenvolvimento, que tenha uma estrutura, que tenha credibilidade, e que as pessoas percebam que nós estamos num governo sério, e nós teremos momentos em que receberemos muitas provocações.

Fique tranquilo, disse, o que o senhor fizer aqui no Executivo em termos de administração é o que nós vamos fazer na Assembleia Legislativa. A partir daquela conversa, fiquei convencido da importância do trabalho de ter estruturado com toda a equipe, a chapa para a Mesa Diretora tão diversificada, plural, com outros partidos.

Aquele momento com o governador Mario Covas estimulou a reflexão, e me perguntei qual foi, na verdade, a reação dos partidos de oposição na oportunidade em que foram convidados a participar dessa operação que definiria o destino da Assembleia.

Volto no tempo e tenho certeza que a novidade era essa: a proposta e a forma de encaminhá-la tinham aspectos absolutamente novos, abertos, claros, sem subterfúgio político. Toda a plataforma de ideias e ações era ética, acima de tudo. O PT, volumoso, nunca tinha participado de uma experiência assim na Casa, indo para uma Mesa de administração. Como clamava por seriedade o tempo todo, nosso projeto coube-lhe como uma luva.

O fator preponderante é que eles perceberam, enquanto partido, que não era só o fato de nós termos ganho uma articulação, uma eleição, uma vitória toda alinhavada em cima de um programa, mas era o dia a dia que nós íamos enfrentar o grande e verdadeiro desafio político.

Estava formada a argamassa para o diálogo, porque nós íamos ter conversas em que muitas vezes o outro lado encontraria muita dificuldade para compreender e aceitar, mas tínhamos que fazer o debate claro, não tinha outra opção, e foi salutar viver o passo a passo de nossas reuniões e estabelecer uma parceria de bastidores onde o vencedor foi São Paulo.

Estabelecidos os padrões de nossa conversa, para darmos o mínimo de suporte ao governo Covas, sem que nenhuma das legendas deixasse de lado suas ideologias e programas partidários, tinha outra guerra a ser enfrentada a partir daquele instante: a guerra da desqualificação em nosso sucesso se instalara logo de cara. Aqueles que perderam a eleição também não estavam nada contentes com a derrota, e a ação deles se baseava em desacreditar nossa diretoria, e diziam:

- *Não, esse pessoal ai não vai conseguir levar essa Mesa 30 dias.*

Como ficou patente, uma demonstração de desespero. Quando nós indicamos o advogado Auro Caliman para ser o secretário Parlamentar, com atuação direta no plenário, porque era um jovem extremamente preparado para exercer a função tão essencial nos trâmites legislativos, a turma, porta-voz dos inimigos, atacava sem dó nem piedade:

- *Vocês estão tirando ai um senhor, para colocar essa pessoa.*

Ora, não estávamos tirando ninguém, o funcionário estava se aposentando. Mas o momento, independente de qualquer avaliação, era de trocar. E argumentavam:

- *Mas o rapaz que está assumindo não tem talento como tinha o ex-diretor.*

E ai, como presidente, e a função exigia autoridade, eu precisava ser incisivo e rebatia: não é assim, não, não vejo problema nenhum, nós estamos nomeando gente nova e com preparo. O fato é que dividimos a velha diretoria Geral em duas, uma Parlamentar e uma de Administração, porque era impossível uma pessoa comandar aquele complexo todo, por isso as etapas não aconteciam e todas as tomadas de atitudes na Assembleia se arrastavam, com lentidão de elefante.

A secretaria Parlamentar cuidava do processo Legislativo, cuidava do dia a dia das votações, acompanhava a reunião do Colégio de

Líderes, tinha que dar atenção jurídica ao plenário, às comissões temáticas, cuidar dessa parte legal e o seu encaminhamento; e o outro diretor, secretário de Administração, ficava com a responsabilidade de administrar praticamente toda a Casa, como se fosse um prefeito, respondendo pelos funcionários, estrutura arquitetônica, prestação de serviços gerais, fornecedores, rotina operacional.

Essa foi a primeira medida que nós tomamos. Apenas a primeira medida dentro de um universo amplo e, sabidamente, controvertido, porque causava polêmica patrocinada pelos contrários a inovações.

Nós tínhamos um caderno programático inteiro pela frente, denso e extenso.

Nossa lição de casa estava na primeira página. A Mesa que acabara de ser eleita sabia com clareza como se daria a rotina de condução dos procedimentos.

Cada um de nós tinha consciência de outra possibilidade existente no caminho: uma espécie de assembleia paralela dentro da Assembleia Legislativa infiltrava-se entre os gabinetes, buscava galvanizar as decisões iminentes, e isso ocorria porque, até então, os chamados procuradores eram os homens que dirigiam a Assembleia.

Esta conta precisa ser feita, agora e sempre, para que o lado benéfico das reformas seja sempre perpetuado como um estímulo para quem crê na força da seriedade e no respeito que é exigido no trato com o dinheiro público.

A Assembleia Legislativa possuía em seus quadros 118 procuradores para 94 deputados. Uma disparidade de demanda, atribuições profissionais, distorção filosófica de atuação e gasto financeiro sem medidas. Ninguém aceitava aquilo. Outro número relevante e sem parâmetro, nem legal, nem de bom senso: 90% dos tais procuradores não eram concursados, eram cargos de confiança, estavam até locados em alguns gabinetes de deputados, mas não tinham formação adequada para a função.

Eles é que determinavam o andamento da Assembleia, que Projeto de Lei deveria entrar na pauta das sessões, aquele que não deveria, se estava apto do ponto de vista legal para ser apresentado e discutido, se tinha legitimidade, se era constitucional, se era iniciativa legislativa ou se era iniciativa do Executivo. Não tinham formação correlata com os pareceres emitidos. Estes funcionários decidiam tudo, como se a instituição lhes pertencesse: eles discutiam a vida do deputado. Não havia nenhum argumento plausível que justificasse uma consultoria tão despreparada e distorcida.

Funcionava assim: ao invés de um deputado ter como apoio a procuradoria, ele terminava como figura subordinada a essa procuradoria, quer dizer, o inverso do inverso.

Eu não tive dúvida e determinei: em primeiro lugar, o poder paralelo não pode existir aqui dentro; em segundo lugar, não dá para admitir que, além dos salários que eles recebem, muito maior que o salário de um deputado, duas ou três vezes mais do que ganhava um deputado, não terem uma atividade compatível com o desempenho de funções necessárias, importantes, e ainda atrapalhem. Sem contar o número de procuradores, excessivo para a instituição.

O procurador tinha que ter formação correspondente para oferecer consultoria de alto nível, para dar suporte técnico para todos os deputados, para ser um auxiliar do parlamentar. A atitude radical, providencial, inadiável: extinguir essa procuradoria.

E lá vinha, sobre os membros da Mesa, a turma do deixa como era antes. E não apresentavam nenhum receio de argumentar que seria difícil acabarmos com aquilo, sob pena de estarmos acabando com a Assembleia Legislativa.

A justificativa da chantagem era corriqueira, somente eles, os procuradores, conheciam a Assembleia. E é verdade, eles tinham certa razão, já que os procuradores vestiam-se de arquivos ambulantes, os famosos funcionários que sabiam de todo o andamento da Casa e não delegavam, eles detinham informação, se eles não estivessem presentes, você não tinha informação. Se um deles não viesse trabalhar, a área onde atuava fechava as portas. Era um crime contra as instituições públicas.

Este vício funcional nasceu porque a Assembleia não tinha, ainda, sido contemplada com as vantagens da informatização. O leitor pode imaginar o quadro: a gente procurava o documento tal, e a informação dava conta de que estava no arquivo do assessor tal, de determinado procurador, e que ele trancara em sua gaveta e não viria trabalhar naquele dia.

Perplexos, vivíamos o compasso de espera pela chave do procurador, pela boa vontade dele e, em última instância, pela presença também. Um Parlamento não pode funcionar nem prestar contas assim. Estava errado o princípio e altamente comprometido o fim.

Então, estipulamos um prazo, demitimos 96 procuradores e fizemos um concurso público. Com a demissão dos procuradores e outras providências emergentes, conseguimos devolver para os cofres do estado mais de 10 milhões de reais. A admiração foi geral. Nesse meio tempo, ficamos lá com 14 ou 15 procuradores que davam conta do recado, todos concursados e que fizeram um trabalho brilhante, para desespero daqueles que pregavam o apocalipse, que não aconteceu.

Mais uma vez os novos, no bojo do projeto novo, deram certo. Mas e a pressão? E os gritos que vinham provenientes dos lados insatisfeitos? E a imprensa em cima da gente? A mídia não dava trégua por causa da competência dos boateiros. O noticiário era farto.

Mas eu tinha convidado para ser diretor de Comunicação da Assembleia, que aceitou ficar comigo naquele momento conturbado, o experiente jornalista Fernando Coelho, que acabara de deixar a Rede Globo. Como eu queria dar transparência para os nossos atos, queria que a população soubesse exatamente das nossas intenções, a participação do Fernando foi marcante, porque em nosso projeto de governabilidade a questão da informação democrática, da comunicação com todas as áreas da sociedade e, principalmente com a imprensa, tinha prioridade.

A prova cabal foi a criação, implantação e inauguração da primeira TV Legislativa do país, um dos ícones do nosso projeto.

Nós inovamos, inclusive, nesse aspecto, de informar, de abrir tudo, de mostrar tudo, de chamar a imprensa para ver e ouvir. Prova disso é que a gente manteve uma rotina de diálogo com os jornalistas que cobriam a Assembleia. Logo no início, todo final de dia tínhamos uma conversa com os jornalistas, chamávamos os jornalistas do Comitê de Imprensa para tomar um café e passávamos para eles tudo que estava acontecendo.

Eu acho que isso ajudou muito, a mídia entendeu o tamanho das intenções, os interesses contrários, e colaborou bastante porque divulgava tudo que estava acontecendo, e nada ficava sem resposta.

Quem queria fazer alguma coisa escondida não tinha espaço, tinha que abrir, tinha que dizer o que pretendia, se ia despachar com o deputado, se queria um cargo, se queria um aumento para o funcionário que não trabalhava, se vantagem para um funcionário fantasma ou coisa do tipo, o proponente não tinha espaço para estabelecer esse tipo de conversa.

A imprensa percebeu que a Mesa que estava ali queria reformas, que as comissões temáticas eram dirigidas por deputados que tinham um padrão de comportamento extremamente bom e elevado, e estavam trabalhando com temas essenciais para a cidade, sem brecha para ninguém solicitar pleitos duvidosos, pleitos com objetivos antigos. Não houve nenhum momento em que a imprensa solicitasse informações que não as tivesse. Na hora, rapidamente.

O plano de governabilidade, ratificado pelos partidos, continha essa excelência: informação a todo custo, sobre tudo e para todos. Confiei muito na nossa conversa com as lideranças das bancadas, tínhamos que ter interlocutores, não seria possível você conversar individualmente, sem conversar com o líder, sem o aval dele.

Atribuímos à liderança poderes a partir da Mesa, para que a liderança fosse o porta-voz decisivo dos deputados daquela bancada, e ai dividimos a função na Mesa Diretora, ou seja, o que cada um de nós ia começar a fazer: o Professor Luizinho ia consultar os departamentos, o deputado Conte Lopes ia ver as condições nos setores da administração.

O resultado foi positivo. Nós olhávamos o conjunto, através do Colégio de Líderes, através dos deputados, e eu fazia esse encaminhamento. Abríamos as reuniões falando sobre os projetos que seriam votados, como é que nós faríamos para encaminhar, como seria o eventual enfrentamento com os adversários. A urgência em modernizar entrava porta a dentro.

O que acontecia? A imprensa ficava desesperada nas coberturas de votações por causa da demora, e nós também, principalmente porque você tinha duas votações, qualquer projeto precisava ter chamada oral, ou seja, você pegava a lista e perguntava como votava cada um dos deputados; e outro deputado, secretariando, anotando como votavam os pares. Vinha a segunda chamada de votação, com a repetição do mesmo e exaustivo procedimento, e num papel o secretário ia anotando. Aquilo era extremamente cansativo, isso só ajudava aqueles deputados que queriam voltar para o processo antigo, e complicava mais ainda, e a imprensa não tinha acesso a essa folha de votação.

De fato, não tinha mais jeito, víamos que seria necessário a instalação de um painel eletrônico de votação, o primeiro painel eletrônico de uma Assembleia Legislativa. Fomos buscar quem tinha tecnologia para desenvolver a instalação do equipamento. Não precisava mais de conversa, não, o nome do deputado, do partido e como foi o voto dele ficariam ali, estampados, com clareza.

E a imprensa vendo aquilo, aquela fórmula exclusiva e clara, depois procurava o parlamentar para saber o porquê de votado a favor, contra ou as razões de sua abstenção. Essa era a primeira coisa, a primeira vantagem, e a segunda é que repetimos as conversas, nós levamos o dialogo à exaustão, para a fortificação da ideia positiva sobre a utilidade inegável do painel.

Em todos os momentos, em todas as tomadas de decisão, não havia nenhum deputado que reclamasse que tinha ficado fora, que tenha ficado sem atenção, não, nós íamos discutir no limite, e, por causa desse modo de fazer as coisas, era comum as sessões terminarem as 04h ou 05h, pois projetos que eram extremamente importantes para São Paulo, como a questão do Banespa que nós tínhamos que ajudar a oferecer uma solução, precisavam de todo nosso tempo. O mesmo se deu em torno das discussões do Baneser, com cerca de 30.000 funcionários e que era, sim, um grande problema para o governo.

O momento do Banespa foi angustiante. Para nós, e angustiava de maneira cruel também o governador. Muito, porque nós tínhamos reuniões com vários setores do funcionalismo do Banespa na Assembleia Legislativa, e eu lembro que uma das reuniões comigo, estavam presentes mais ou menos 40 gerentes regionais do banco discutindo conosco o futuro dos trabalhadores, obviamente para poder salvaguardar o direito desses funcionários.

Sindicatos se mobilizavam, se apresentavam na Assembleia que permanecia de portas abertas, nós recebíamos os sindicatos com o objetivo de manter a interlocução com o funcionalismo do Banespa que abrigava milhares de famílias e com a direção do banco, no sentido de fazer com que as pessoas fossem ouvidas.

A solução definida pelo governo federal exigia de nós empenho no sentido de auxiliar a concluir o procedimento de uma forma menos traumática, porque o desastre de má gestão já tinha se dado lá atrás. A urgência era equacionar os efeitos da desestatização, mesmo com discussões pesadas, penosas e demoradas, porque nós nunca fechamos o canal de comunicação. Uma norma estabelecida na Casa, pelo conjunto da Mesa, tanto para a questão do Banespa como para o que viesse relativo à desestatização do setor energético e de outras questões.

Foi uma das votações mais exuberantes e necessárias de nossa gestão. Se a Assembleia Legislativa não houvesse dado o sinal verde para a privatização da Eletropaulo, por exemplo, a dívida do estado explodiria, sem chances de pagamento, além do que poderíamos perder essas empresas. Somente a privatização das energéticas nos ajudou a ter fôlego para poder arrumar o Estado de São Paulo financeiramente.

O famoso Projeto de Lei 71|96, o PED - Programa Estadual de Desestatização, permitiu tirar da tutela do estado empresas como a Cesp, Eletropaulo e CPFL, promovendo a reestruturação societária e patrimonial do conglomerado energético estadual. O PT votou contra.

Uma coisa é certa: quando avisei a todos, dizendo, a partir de amanhã começa a funcionar o painel eletrônico, do meu ponto de vista, aquilo virou um inferno, bem tumultuado, complicado. Inadiável o funcionamento daquela ferramenta por força histórica e moral. Os que eram contra o painel obviamente teriam que comparecer às sessões de votações importantes e não dava mais para ter aquela coisa de abonar falta, e aquele expediente deprimente, acabou ali.

O painel conseguiu uma unanimidade em torno do seu funcionamento: os deputados reclamavam muito dele, e mais do que isso, porque quando eles perceberam que a mídia era favorável à instalação daquela transparente ferramenta, começaram uma campanha insidiosa, que desabonasse os critérios impostos para a compra do painel. Discutiam o custo, origem da compra, queriam informações a respeito de interesses eventuais escondidos naquela decisão.

O interesse era público, tanto que as contas da Assembleia estavam abertas, pra todo mundo ver, foi feita licitação pública, de acordo com a Lei 8666. Não houve nenhuma irregularidade no processo de compra e operação de implantação do painel eletrônico de votação.

O tempo foi sábio e fez com que eles percebessem a necessidade de se adequar ao momento novo, não tinha mais como a visão antiga ter guarida. Acabaram-se os abonos de falta, não havia mais esconderijo para quem não quisesse votar, não havia mais biombo para se esconder a tendência do voto em plenário.

Estava à mostra uma lição plena para todos nós, deputados, ensinando a contrapartida de um mandato, pois se a gente disputa uma eleição, tem o discurso durante a campanha, não dá para ter outro depois, nem como esconder comportamentos aéticos. Estava mais do que claro exatamente aquilo que a gente dizia durante a campanha da eleição para a Mesa: está fincada a transparência do processo legislativo.

A simples presença do painel eletrônico trouxe oxigênio puro aos ambientes da Assembleia. E por quê? Porque os deputados nas suas regiões eram questionados. O eleitor perguntava: deputado, o senhor faltou na sessão tal, o senhor não apareceu, o senhor votou contra tal medida, mas o senhor disse que era favorável a ela, como é que o senhor diz uma coisa aqui e vota de maneira diferente lá? Foi um golpe terrível para os menos avisados dos seus compromissos externos com o cidadão.

Com dona Lila Covas e Geraldo Alckmin, na inauguração da Mostra do Acervo Histórico da Assembleia Legislativa. Mais atrás, Lú Alckmin e Suzana Tripoli, em 17.06.96. Foto Cerimonial da Assembleia.

Com Roberto Civita na inauguração do Centro de Transmissão por satélite da TVA, DirectTV em Tamboré em 14.06.96. Foto Cerimonial da Assembleia.

Os olhos da população

As coisas começaram a mudar, o controle do funcionamento da Assembleia passou a ser externo, e era exatamente isso que eu pretendia conforme já estava previsto no projeto básico. O mais importante: precisava mostrar como é que os deputados estavam procedendo dentro da Assembléia e isso teve repercussão, nosso desejo de dar total visibilidade a todos os atos, como um item de comunicação planejada, estava dando certo.

Foram tão produtivos os argumentos operacionais de mudança, que as audiências públicas com projetos que passavam pela Assembleia, começaram a acontecer, como manifestações extremamente populares e que contribuíam vigorosamente no auxílio de decisões sobre temas especiais e complicados. As pessoas começaram a acreditar na seriedade das reformas e traziam para dentro do Parlamento os assuntos que, como sociedade organizada, pretendiam debater.

Havia carência de participação popular, era o que faltava e que começa a acontecer. A partir daí nós recebemos várias iniciativas populares e debatemos no Colégio de Líderes as intenções da população, e mesmo assim os renitentes ainda blasfemavam, dizendo que nós entregávamos o poder da Assembleia, dos deputados, para a opinião pública. Onde se viu isso? Uma lástima os argumentos que tentavam derrubar nossa jornada.

O momento estava ali, ou nunca mais se mudaria o rosto da Assembleia Legislativa. De 1991 a 1995 foi o período em que eu fiquei na Assembleia em minha primeira legislatura, observando. Meu primeiro mandato serviu como um profundo, agudo e imensurável laboratório com vistas àquele presente.

Se a gente olhasse para as empresas privadas, verificava nitidamente a diferença de gestão, de como é que a iniciativa privada tocava sua empresa, o controle sobre o horário que o funcionário chegava, o horário que trabalhava, que tipo de serviço ele presta, se tem duas ou três pessoas fazendo o mesmo serviço ou não, se esta faltando gente em uma outra área. Sempre, a empresa é um exemplo de gestão de resultados.

Estas pontuações exigiam que minha atenção criasse uma fonte comparativa com o tipo de prestação de serviços internos.

O que o presidente precisaria fazer para melhorar a biblioteca, para melhorar o sistema de taquigrafia, para os funcionários deixarem de lado as máquinas de escrever, para oferecer os espaços para o público? Me perguntava. Como agir para o eleitor se interessar pela Assembleia? Essa preocupação ia além do prédio do Ibirapuera, onde fica a instituição, porque urgia a tomada de atitude para que ela se relacionasse com os demais poderes e órgãos essenciais para o funcionamento da cidade e do estado, como o Poder Judiciário, o Ministério Público, como a própria iniciativa privada.

Que meios usar para a Assembleia interagir com os demais órgãos, com todos os segmentos da sociedade, as ONGs, as outras instituições, a OAB, a CNBB e Dom Paulo Evaristo Arns, as federações, enfim, com o universo de formadores de opinião e auxiliares para a manutenção da cidadania?

Mantive muitas e muitas conversas, com empresários e representantes de vários setores, e este conjunto de inteligências demonstrava a vontade extrema de que a Assembleia fosse diferente, mais moderna, com uma linha de atuação que as pessoas pudessem entender. A Assembleia precisava prestar um serviço à população.

Providencial o momento que procuramos funcionários da Alesp para iniciar um diálogo, já que a opinião geral pedia mudanças. Um grupo de funcionários acalentava essa visão de modernidade, com um espírito público mais altivo. Eu me perguntava quais as razões que justificavam projetos de governabilidade somente para o Executivo, com diretrizes para o transporte, para saúde, segurança, educação, meio ambiente, e no Legislativo pouco se pensava nisso?

Para se ter uma ideia aproximada da desorganização reinante na Assembleia, um dia, eu estava assinando um documento sobre determinado projeto. Questionei o Auro, nosso secretário Parlamentar: mas esse projeto aqui já foi votado, já foi à Comissão de Constituição e Justiça, com mérito, já foi pra Comissão de Redação, por que eu estou assinando novamente para voltar para redação e depois ser publicado? Eu não posso mandar direto para publicar no Diário Oficial? Ele respondeu:

- *Pode.*

Então por que não é feito assim? Perguntei de novo. A explicação me estarreceu:

- *Porque nunca foi feito dessa forma.*

Ou seja, faltava alguém dizer olha, agora tira a burocracia da frente, desimpeça a tramitação que não tem sentido nenhum ficar assim, não vai alterar absolutamente nada, e podemos ser mais ágeis. Dou um detalhe simples, mas era o quadro patético: a Assembleia era uma espécie de reino do carimbo.

O reinado do carimbo se expandia pra tudo que é canto, tudo tinha que ser carimbado, 10 ou 20 vezes, sem necessidade nenhuma, porque o plenário era soberano em suas decisões, e outra coisa que me chamava muito a atenção também, sobre o aspecto Legislativo, é que as pessoas não davam muita atenção às Comissões Temáticas, como a Comissão de Constituição e Justiça.

No plenário acontecem os grandes embates, e a votação final dos projetos, mas o amadurecimento do projeto, o nascimento do projeto, a discussão dele, se processa nas comissões temáticas. É natural que quando o parlamentar escolhe uma comissão temática, fica claro que ele é daquela área.

A importância dessa troca de informações, de colocação de princípios e necessidades nas comissões é fundamental, mas naquele período as pessoas não tinham olhar para isso.

O Movimento Voto Consciente ofereceu visibilidade para articular muitos trabalhos, foi um dos movimentos que nos ajudaram no sentido de apontar falhas, elaborar as críticas, viajar na direção das soluções. Contribuiu muito realizando uma aferição do desempenho dos parlamentares nas comissões temáticas tanto, que eu já tinha dito para os representantes do grupo, que não ficassem tanto ao plenário (claro que eu não via nenhum problema com a presença deles no plenário), mas, aconselhei, cubram, intensifiquem visitas e sugestões nas comissões, é lá, nas comissões, que vocês vão ter um material muito bom para poder trabalhar e acompanhar o comportamento e o desenvolvimento de um parlamentar, relativamente a cada tema que se discute na comissão.

Pequenos reparos de ordem lógica, detalhes de funcionalidade na organização da Casa procurei observar naquelas quatro anos de primeiro mandato, antes da presidência.

O que mais me preocupava concentrava-se naquilo que a sociedade queria de nós. É certo que a ebulição reformista nos conduzia num ritmo crescente, mas não se podia perder de vista o charme, a grandiosidade simbólica da tradição, da observância de rituais e particularidades mais antigas, que não atrapalhavam o objetivo futurista e acomodavam dados da essência do Parlamento.

Nós conseguimos identificar o acervo histórico junto com Carlos Dias, uma plataforma de pesquisa e estudos sem precedentes na história da Assembleia. A Casa tinha tradição. Não haveria invasão no formato clássico guardado, haveria sim, esmero no tratamento dos anais da Assembleia Legislativa, com a preocupação incondicional de preservar tudo.

A liturgia do cargo de presidente continha suas normas rígidas. A representação do Poder revestia-se de dignidade, sobriedade, austeridade e elegância. Quando se recebia lá um embaixador, um cônsul, um secretario de Estado, um presidente da República de outro país, um primeiro-Ministro, o rito era sagrado e formal.

Recebi Antônio Guterres, de Portugal, o presidente da República de Angola, José Eduardo dos Santos, seguindo a liturgia de cada recepção, todo cerimonial que o cargo deles impunha e que minha posição na Assembleia me obrigava a cumprir.

Exatamente o que, por convicção democrática, não fiz quando o presidente do Peru, Alberto Fujimori, visitou o Brasil em fevereiro de 1996. Não o recebi na Assembleia. Nem poderia. Nosso sofrimento em vencer a ditadura brasileira não estava ainda acomodado sob os anos. As lembranças eram recentes e incômodas.

Como eu poderia receber uma personalidade que tinha dado um golpe de estado, que tinha usado a força militar para usurpar o poder, que tinha fechado pela força, o parlamento do Peru e rasgado a Constituição daquele país? Não podia recebê-lo, em nome das liberdades democráticas, e não o fiz. Jamais me arrependeria, felizmente. Era preciso respeitar o Parlamento brasileiro.

Este aspecto dos procedimentos do Cerimonial, estabelecidos pelo mundo a fora, estaria a salvo das reformas, lógico. É interessante lembrar alguns episódios para as gerações interessadas em nosso tempo.

Logo quando eu assumi, bem nos primeiros dias da presidência, era muito comum que, toda autoridade que visitava a Assembleia Legislativa, assinava o livro de ouro das autoridades com a respectiva troca de presentes. Nosso presente oferecido ao visitante era uma Constituição do Estado de São Paulo. Até que um dia um assessor do Cerimonial da Assembleia me disse:

-Presidente, um visitante esteve aqui e comentou que somos extremamente legalistas, que somos muito respeitosos à questão da Lei no Brasil, principalmente aqui em São Paulo.

Fiquei curioso e quis saber as razões daquele comentário. Simples: a autoridade estrangeira esteve na prefeitura e recebeu do prefeito a Constituição do Estado; o governador também a presenteou com a Constituição do Estado, e eu, como presidente da Assembleia, também ofertei a Constituição do Estado, ou seja, o visitante levou o mesmo presente das três autoridades políticas e administrativas de São Paulo.

Estranho, até mesmo engraçada a coincidência, mas reveladora de que alguma coisa precisava ser feita, através de agudas e sutis observações, até em detalhes do conjunto dos procedimentos formais da Casa, para que situações dúbias não fossem mantidas como regras imutáveis e, de certa maneira, equivocadas.

O impacto da reforma, como se vê, não podia esquecer nenhum aparato, nenhuma área. A Casa clamava para sair do simples escaninho e caminhar para um conjunto de medidas clássicas, dosadas, atendendo ao gesto impaciente da sociedade civil. A iniciativa privada, as organizações sociais, o terceiro setor, corriam muito rápido e a máquina pública, atrasada, não rodava, ultrapassada, não tinha agilidade para acompanhar a evolução determinada pela projeção da modernidade.

Transformar a Assembleia em local de convergência de ideias, reivindicações, discussões, observou dificuldades criadas no fígado de inimigos assustados. Mas era irreversível.

Então, demos o exemplo e acolhemos projetos emblemáticos, votados na Assembleia. O fato garantiu a pluralidade pretendida em nosso plano. A ideia parecia muito simples. E seria. Sua execução, complexa para muitos, cheia de temeridade, revelou-se, na prática, um exercício poderoso de democracia. Atendíamos as centrais sindicais, a Força Sindical, a CGT, a CUT, os outros organismos que lidam com o funcionalismo público e privado para discutir os assuntos pertinentes à classe trabalhadora. Isso provou que o melhor estilo é o pragmático, e que se respirava um ar diferente nas dependências do Parlamento paulista.

A história dá conteúdo e sentencia que a desestatização das energéticas foi uma das votações mais severas da Assembleia, mais duras, mais trabalhosas e extensas. Não tínhamos para onde correr, todos precisavam aprender e se esmerar na prática incessante do diálogo, o princípio mais sábio da política.

Vale a pena mostrar um pouco mais daqueles dias, porque a legalização das reformas se deu à medida em que se apurava a decantação das graves feridas administrativas no corpo do estado paulista. Embora um cronograma de votação severo a ser cumprido, esticado mais do que o necessário, por conta de podermos ouvir mais os segmentos atrelados ao fornecimento de energia elétrica que passaria para o setor privado, forçado pela incapacidade do Estado, ainda assim o êxito aconteceu.

O PED - Programa Estadual de Desestatização salvou São Paulo. As sessões plenárias, com a presença em massa dos deputados, terminavam 03h, 04h às vezes, 05h da manhã. As duas últimas sessões extraordinárias exorbitaram no tempo.

Desejo demonstrar com estas explicações, que o debate, acima de tudo, aconteceu num formato extremamente amplo e contundente, reafirmando a estratégia traçada pela Mesa de ouvir todos os lados, que ninguém cogitasse, sequer por um momento, que alguma opinião ficara de fora. Em algumas votações nós tivemos problemas inclusive na porta da Assembleia, com protestos de todos os lados.

A equipe de segurança da Assembleia Legislativa já evitara que algumas pessoas jogassem artefatos com gasolina e estopa dentro do plenário, com a intenção de incendiar o ambiente. Chegaram, inclusive, até a grelha do ar condicionado, colocando papel para queimar. Aquela fumaça tomou conta do plenário, entrou em cena o Corpo de Bombeiros procurando sanar o perigo para que as votações continuassem.

Era algo nocivo, difícil, com a oposição querendo marcar um tento em meio à violência programada. Mas as regras da democracia, a duras penas é verdade, contrariando os incendiários, foram respeitadas por nós, da direção.

Claro que não tiramos o brilho dos debates, nem diminuímos a ofensiva nem o tamanho do talento da oposição que gostava e precisava usar de todos os recursos para manter-se ativa, mas a responsabilidade conjunta, minha, da Mesa e dos deputados, era fazer com que o Estado de São Paulo voltasse ao poder pleno, respirasse, voltasse a ser um estado que desse orgulho ao povo que vive nele, que mora e que nasceu no maior estado da República.

Naquela dureza toda, de trocas de palavras mais ácidas, com um enxame terrível de provocações, jamais utilizamos policiais civis e militares que não fossem os da casa, para conter a ordem. Nunca, em nenhum momento, requisitamos a Rota, ou a Tropa de Choque, nada disso.

Um dos mais importantes colaboradores que tive na presidência, o Coronel Lemes (Roberto Lemes da Silva), já falecido, chefe da Casa Militar da Assembleia Legislativa, com seu jeito firme, porém consensual, no instante mais grave da balbúrdia comandada do lado de fora para dentro, me disse:

> *- Presidente, eu sei que o senhor não vai agir assim, e não o faça, eu mesmo, com os policiais que tenho aqui, que é um grupo pequeno da guarda da Assembleia Legislativa, é que vamos dar conta de fazer a segurança. Fique tranquilo que nada sairá do controle nem serão cometidos excessos de nenhuma ordem.*

E assim foi feito, graças a Deus. No plenário, não tinha o vidro protetor que foi colocado depois, o espaço era aberto, os manifestantes podiam pular no plenário, porque era um metro e meio ou dois de altura, no máximo. Os deputados e aqueles que assistiam às sessões estavam próximos, não havia divisões nem proteção, e lotava de sindicalistas, de pessoas da oposição que permaneciam o tempo todo ali, gritando e xingando.

Toda tramitação e votação principal do projeto de desestatização das energéticas concluiu-se às 07h17min e já era manhã do dia 26 de junho de 1996, na 48ª. Sessão Extraordinária. O projeto foi aprovado, definitivamente, no mesmo dia 26, na 49ª. Sessão Extraordinária, encerrada faltando 6 minutos para meia-noite daquele longo dia.

Queria dar uma boa notícia ao governador Covas no final da madrugada do dia 26. Não tive dúvida, liguei para o Palácio dos Bandeirantes e pedi para um ajudante de ordens que acordasse o governador. A negativa foi imediata:

> *- Olha presidente Tripoli, eu acho difícil.*

Eu tenho autorização de fazer o que estou lhe pedindo, tenho um comunicado importante a fazer ao governador, afirmei. Minutos depois o Mario Covas veio ao telefone, um tanto quanto sonolento ainda. Governador, eu disse, conseguimos dar o primeiro passo, o projeto foi aprovado, gritei. E ele:

> *- Foi muito importante, fundamental, agradeça aos deputados da Assembleia Legislativa a grande contribuição que eles deram para o Estado de São Paulo.*

Ele disse, ainda, muito feliz, que ia até fazer um café. Estava mesmo na hora. Nós também fomos tomar o nosso café da manhã em uma padaria da esquina, a exaustão nesse momento tomava conta de todos nós. E o sentido de dever cumprido, também.

Dias depois, em 5 de julho de 1996, o governador Mario Covas, finalmente, assinou a promulgação da Lei 9.361 instituindo o Programa Estadual de Desestatização, com a respectiva Câmara de Controle. Foram vendidas, em seguida, a Cesp, Cpfl, Elektro, Eletropaulo Metropolitana e a Light.

Além do enfrentamento com os militantes de matizes variadas, o grande choque na tribuna e nas votações se dava mesmo com a oposição. O Rui Falcão, um dos líderes do PT, muito aguerrido, um deputado muito preparado, jornalista, levava os pontos de vista do seu partido às últimas consequências da polêmica e do debate.

Embora a gente tivesse conduzido o processo da eleição da Mesa de maneira harmônica, ele representava um dos membros da oposição mais combativos, mais severos e fazia críticas que às vezes até ultrapassavam os limites do Parlamento, mas era um direito que ele tinha. O PCdoB tinha Jamil Murad na linha de frente de suas convicções, outro político duro em suas posturas, contundente e é meu amigo hoje, grande parceiro, inclusive votou em mim para presidente da Assembleia.

A coisa pegava de forma estrondosa principalmente durante a apresentação dos projetos do Executivo que precisavam de votação. Como sempre, a oposição não facilitava, orquestrava sindicatos, colocava pilha nas argumentações, colocava mais lenha na fogueira. O outro lado, quer dizer, jogava os sindicatos contra a gente e a mídia dava certo espaço porque a confusão se elevava acima dos objetivos reais. O fenômeno político a ser registrado, verifica-se na mudança dos lados, e como o mundo muda!

Eles, os artífices da oposição, jamais tinham sido governo até então, no dia em que passaram para o outro lado, a ser governo, acordaram e perceberam uma regra inescapável do poder: a necessidade de você tomar algumas medidas que muitas vezes você não quer tomar, medidas amargas, na maioria das vezes para corrigir rumos administrativos, antipáticas, mas medidas necessárias, não podem ser prescindidas por motivações pessoais.

Quando a oposição vira governo, usa o mesmo expediente. O deputado Falcão era extremamente afiado, o próprio Professor

Luizinho que era meu parceiro de Mesa, com quem eu dividia o comando da Assembleia, naqueles momentos se transformava em um grande opositor, nervoso, bravo, e ambos formavam o coro com o Jamil Murad.

É preciso comprovar isso para a história, a presença de 3 ou 4 figuras ali, visceralmente contrárias à urgência da privatização, que gastavam o verbo defendendo o foco dos seus partidos. Estabelecia-se o momento de glória da oposição que aproveitava, sabiamente, as luzes dos holofotes.

A oposição era privilegiada pelo noticiário e obtinha ótima ressonância do que dizia na mídia, quando os jornalistas maximizavam a oportunidade para estarem presentes em todas as sessões de votação. O momento era quente e todos os interesses se apresentavam.

Felizmente, eles têm consciência que nunca deixamos de respeitar o primado da oposição, até porque jamais buscamos a totalidade, nós tivemos maioria para votar, uma maioria apertada, é verdade, não foi uma maioria fácil, mas os deputados se convenceram da importância de responder à sociedade, e testemunhavam a seriedade com que nós fazíamos esse enfrentamento.

*Com o presidente da República de Angola, José Eduardo dos Santos, em 17.08.95.
Foto Cerimonial da Assembleia.*

Cerimônia de assinatura do convênio para instalação da TV Legislativa entre a Alesp e a Fundação Padre Anchieta. À esquerda de Tripoli, Jorge da Cunha Lima, presidente da Fundação e o deputado Professor Luizinho. Foto Cerimonial em 22.10.96.

O caso Banespa

O Banespa foi um instante pesado. Transformou-se no segundo momento de pura adrenalina política na Assembleia Legislativa. O Banespa acolhia em seu grande corpo, o Baneser, um órgão agregado, uma saída arranjada pelo governo anterior ao de Mario Covas para contratar gente sem concurso, abrigando uma verdadeira feira livre funcional. Tinha lá um pouco de tudo, tinha trabalhando lá filho de juiz, desembargador, amigo de deputado, vizinho, irmão, um negócio complicadíssimo, para agravar mais, um órgão sustentado pelo Banespa.

Os olhos se voltavam na direção do Baneser, e tinha que ser assim, era um problema muito mais sério do que se supunha. Um nó espantoso, pois eram milhares de funcionários que não cabiam em nenhum lugar. Miraculoso cabide de empregos. O estado pagava salários para pessoas sem saber, sequer, onde é que esses funcionários estavam localizados. Gente comissionada em tudo quanto é lugar, espalhados sem função, e centenas de funcionários que trabalhavam fora do Estado de São Paulo, o que não é permitido pela lei. Complicadíssimo.

Quando Covas entrou com o pé direito no Palácio dos Bandeirantes, sabia que um dos maiores entraves para o desenvolvimento de São Paulo o aguardava. O governo estadual devia ao Banespa uma fortuna que não havia como ser paga. Na linguagem mais popular possível, o Banespa era um verdadeiro saco sem fundos.

A premência? Salvar empregos. Dentro do projeto que passaria pela Assembleia, impunha-se garantir aos funcionários sua estabilidade, e isso nós fizemos, o estado, inclusive, ficou com a responsabilidade de boa parte dessas aposentadorias sob sua tutela e pagamento. De novo, negociação exaustiva.

O Sindicato dos Bancários procurava naquelas reuniões, discutir o problema como um todo, macro, amplo, sem se concentrar somente no regionalismo das soluções bastante pontuais.

Mesmo no caso do Banespa, a própria oposição de vez enquanto tomava cuidado, recuava, porque sabia que estava pisando num lamaçal e poderia ter problemas. Foram meses de discussão. Lamentavelmente, nós perdemos o Banespa e ainda ficamos com uma dívida de parte do funcionalismo do banco. O trauma do caso Banespa não se esquece com facilidade, a gestão do Banco do Estado de São Paulo configurou-se desastrosa, trataram aquela instituição poderosa de maneira comezinha.

Como um dos 10 maiores bancos do país poderia estar naquela situação? É simples entender. Houve um tremendo desmando na orientação do banco. Covas não podia nem mesmo opinar naquela altura dos acontecimentos, porque o Banco Central já decidira tudo.

O nosso Banespa havia sido duramente golpeado por duas gestões estaduais consecutivas. A história do banco estava cheia de meandros. O nascedouro do golpe duro no Banespa tem uma origem bem conhecida. Por meio das Antecipações de Receitas Orçamentárias, as AROs, o Banespa adiantava o dinheiro de impostos ao Tesouro paulista para pagar as dívidas do orçamento com empreiteiras. As obras daqueles governos começavam com finalidades eleitoreiras. E não se concluíam nunca. Covas receberia este presente explosivo nas mãos.

No dia 30 de dezembro de 94, às vésperas da posse de Mário Covas, o Banco Central decretou intervenção administrativa no Banespa. O rombo foi estimado em R$ 17 bilhões.

A profilaxia para a enfermidade aguda do Banco do Estado de São Paulo teve que ser acelerada. Em 1996 a federalização é inevitável. Covas, sem opção de escolha, aceita transferir para a União o controle do Banespa.

Em 16 de fevereiro de 1996 a Assembleia Legislativa aprova o PL 1/96 (Lei 9.343/96), autorizando o Poder Executivo a contrair financiamento, a outorgar garantias, a transferir o controle acionário de empresas e a assumir suas obrigações. A bancada do PT votou contra a aprovação do projeto e a votação terminou com 67 votos a favor, 15 contra e 1 abstenção, a minha, que comandava a sessão.

Em março de 96, ao depor na Comissão de Assuntos Econômicos do Senado (CAE), Covas pediu uma definição para o caso e voltou a culpar Quércia e Fleury pela situação. A origem da dívida de R$ 16,5 bilhões (já acrescida de R$ 1,5 bi por conta dos juros) apontou Covas, estaria nos empréstimos feitos pelos seus antecessores, além do acordo feito por Fleury com o BC, para a rolagem da dívida estadual.

Covas queria a liberação de um empréstimo de R$ 7,5 bilhões, da União, para quitar parte da dívida. A demora do Senado, no entanto, eleva muito o valor total da dívida e inviabiliza a operação desenhada pelo governo paulista. Em abril de 96 Covas desiste do acordo BC-Banespa para tentar retomar o banco.

Não teve jeito, a demora tornou inviável o projeto que continha esta solução, nas palavras do governador. O fermento dos prazos não impedia que a dívida parasse de crescer: em dezembro de 94 estava em R$ 9 bilhões; no início de 96, em R$ 15 bilhões e, quatro meses depois, em R$ 17 bilhões.

Mario Covas reclamou muito e no seu estilo claro e direto, afirmava que após 16 meses de intervenção, o BC não "enxugou" o Banespa e disse que a "federalização" do banco - ideia a que ele resistia - ficaria agora a critério exclusivo do governo federal. A desistência de Covas pelo controle do banco, porém, não eliminaria a dívida do estado com o Banespa, de R$ 17 bilhões.

Ainda no ano de 1996, aprovamos na Assembleia Legislativa, o acordo de rolagem da dívida estadual com a União. O PL 725/96, votado na madrugada de 18 de dezembro, definia a renegociação de R$ 37 bilhões e também a federalização do Banespa.

O Regime de Administração Especial Temporária foi prorrogado por mais 180 dias, para que se formalizasse a transferência de 51% das ações ordinárias para o governo federal.

Nosso esforço na Assembleia Legislativa não refluiu, nunca. Era nossa obrigação insistir, manter uma firme queda de braço com os lados contrários ao que o governo do estado precisava, visando exatamente não tirar o governo do prumo. Mario Covas carecia de muito equilíbrio para manter-se no leme e reconstruir tudo.

O calendário era impiedoso e avançava, engolindo tudo e todos. Já chegara dezembro de 97, na antevéspera do Natal, quando Covas e o secretário estadual da Fazenda, Yoshiaki Nakano, estavam no Palácio dos Bandeirantes, estudando com assessores jurídicos os detalhes do contrato que previa a transferência de 51% das ações do Banespa para a União. O documento que deveria ser assinado até o dia 31 daquele ano, precisava ser encaminhado antes ao ministro Pedro Malan (Fazenda) e aos presidentes do BC, Paulo Ximenes e do BNDES, Luiz Carlos Mendonça de Barros.

Antes mesmo de ter resolvida a pendência jurídica, ainda no final de dezembro de 97, a "venda" do Banespa para a União está praticamente concretizada. O Tesouro Federal paga, por 51% das ações, R$ 343 milhões. Também é acertado o refinanciamento da dívida do estado - de R$ 59,6 bilhões - com o governo federal: o prazo de pagamento fica estipulado em 30 anos, a juros de 6% ao ano.

Passados 3 anos, o banco espanhol Santander comprou o Banco do Estado de São Paulo por R$7,050 bilhões. O leilão foi realizado no dia 20 de novembro de 2000, na Bolsa de Valores do Rio de Janeiro.

Por causa de má gestão, incompetente e irracional, São Paulo perdeu o seu banco, o banco que era a sua cara. A atuação da Assembleia Legislativa e seus membros, neste campo de batalha, revelou-se incansável, corajosa, na edificação da pirâmide legal de amparo às decisões do governo do Estado de São Paulo.

*Recebendo Luigi Oscar Scalfaro, presidente da Itália, em 28.06.95.
Foto de Maurício Garcia de Souza.*

*Visita do primeiro-Ministro de Portugal, Antônio Guterres, em 17.04.96.
Foto Cerimonial.*

A arte da modernização

O extraordinário filólogo brasileiro Aurélio Buarque de Holanda Ferreira esclarece que modernizar é "adaptar-se aos usos ou necessidades modernas." A definição concentra no relicário de sua clareza, a essência do programa de reformas contida em nosso plano para a Assembleia Legislativa, reagente àquela sedimentada orientação artesanal dominante no organograma operacional da instituição.

A impulsividade gerencial, movida pela emoção dos cargos distribuídos à granel vivificada através de realizações descontroladas, sem metas, sem clareza de objetivos, deixou a Casa às cegas e perigosamente distante de sua finalidade e da população.

Voltando mais de um século e meio no tempo, a criação da instituição data de 1834, subscrita em diploma legal que lhe deu competência para propor e aprovar leis, regras e princípios que norteiam a sociedade paulista. A promulgação chama-se Ato Adicional à Constituição do Império. O Brasil vivia sua primeira experiência Federativa.

Até o ano de 1995, passaram-se 161 anos. A Alesp teve que driblar vicissitudes, obrigou-se a acompanhar os períodos históricos de mudanças de regime, serviu de trincheira democrática, abrigou líderes incontestes, em seu ventre urdiu políticas e soluções para o maior estado brasileiro. Mas não tinha observado a pregação do mestre Aurélio em seus anais de mais de um século.

Olhando cada ato, cada escaninho que tinha o santo poder de acomodar pedidos de providências e pedidos de serviços, olhando fixamente as máquinas de escrever num barulho clássico, intermitente, ecoando nos corredores da Assembleia, perdido nas centenas de portas sem sinalização, senti naquele meu primeiro mandato que alguma coisa precisava ser feita. Quase dois séculos passados eram para ser estudados, não vividos.

A qualidade tinha que ganhar corpo e palmilhar a Assembleia. Por isso, para desobstruir todas as frentes, achei conveniente ir atrás de um padrão de qualidade, com perfil internacional, também adquirido pelas grandes e inovadoras empresas, e que estabelecesse uma trilha fluída para tudo que a gente pretendia desenvolver no Parlamento. Eu insistia nisso. Não teríamos uma clareza absoluta sem a qualificação.

Nossa reestruturação foi norteada na auditoria promovida para conseguirmos a Certificação ISO 9002. Inauguramos uma era nova. Foi a primeira Assembleia brasileira a conquistar este patamar de excelência.

Eu também não me conformava muito com o exército de 1.500 máquinas de escrever espalhadas em cima de mesas, armários, arquivos e jogadas pelos cantos como obsoletas representantes de uma época que teimava em ficar. Sem culpa, porque antes não houvera nenhum esforço em tirá-las da rotina. As máquinas, friamente, eram as inertes agentes da burocracia, caudatária de ações lentas tomadas pelos funcionários e cujas atitudes escorregavam, sempre, para os fichários e as gavetas. Impusemos a novidade, avançada, veloz.

Comemorei no dia em que pude ver os 220 computadores e as 160 impressoras serem descarregadas no Palácio 9 de Julho. Foi uma troca justa. As 1.500 máquinas pelos 220 computadores. A ferramenta, definitiva, chamava-se informática.

Os profissionais e técnicos envolvidos nesta transformação, interligaram os sistemas em rede, para todo Parlamento, identificando pontos nervosos de trabalho e provendo-os de programas especiais capazes de desenvolver com inteligência e agilidade, aptidão para os mecanismos internos, gabaritando a informatização e todos os seus desdobramentos em benefício de uma prestação de serviços legislativos avançados, competentes e transparentes. Vencemos a inércia.

Gastamos 700 mil reais. Desde então, esta operação avolumou-se num benefício sem precedentes para todo o Estado de São Paulo. Todas as decisões da Assembleia Legislativa, rigorosamente todas, estão disponíveis na rede ao alcance do cidadão, das demais autoridades e de quem quiser fiscalizar a Casa. A informatização está calçada no sistema chamado Apoio ao Processo Legislativo.

A Assembleia era conhecida apelo seu peso gerencial. Padecia de uma obesidade mórbida, incrustada no seu organograma imenso, linear, confusamente vertical e horizontal, sem direção. Tivemos que dispensar, pela porta dos fundos, os excedentes da burocracia formal. Eu insistia sempre neste ponto. Muita gente batendo cabeça, reclamando salários, muitos fazendo a mesma coisa e muitos fazendo pouca coisa. O Plano de Cargos e Salários é realidade. Avança e se aperfeiçoa.

A hierarquia palaciana cedeu lugar ao comando disciplinado, avaliado por competência de áreas e setores, enlevada pelo mérito funcional e pela livre competição em busca do sucesso de metas atingidas. Como é na iniciativa privada. Vencemos a faceta imperial atrasada.

O que mais eu observava em nossa Assembleia, quando eu chegava ou quando os visitantes se perdiam nos corredores e salas, ficava por conta das centenas de pontos cegos, sem direcionamento, sem sinalização, outro empecilho rotineiro. Ninguém que não conhecesse muito bem o Palácio 9 de Julho conseguiria circular sem dar no lugar errado. Faltava sinalização.

Com a instalação do painel multimídia localizado na entrada principal do prédio, a pessoa já tem uma orientação correta e pode, com facilidade, encontrar os gabinetes, o plenário, os departamentos e o local que procura. Ficou mais fácil, direto e simples. Os totens espalhados pelos corredores é um auxílio extraordinário para a pessoa que procura o seu deputado. Ela encontra a foto do parlamentar, o endereço, e os projetos que ele apresenta na Casa. Venceu a visibilidade.

O salão monumental, circunspecto, também é nobre. Mandei abrir como um espaço cultural e de lazer, que pode ser usado pela comunidade. Amplo, arejado, bem preparado, não poderia ficar fechado. É do povo. E a população tem direito de usá-lo. Antes apenas reservado para eventos oficiais, hoje comporta concertos, shows, apresentação de teatro, ou qualquer outro evento cultural que possa dar oportunidade do público presenciar e participar.

O Parque do Ibirapuera é um emblema, um símbolo verde na cidade de São Paulo. O melhor presente que a metrópole ganhou em 21 de agosto de 1954, ano do seu IV Centenário. A comissão de notáveis formada para concretizar os estudos que deram origem ao parque teve a participação de Oscar Niemeyer e Roberto Burle Marx.

Rompendo a nuvem de concreto, ele surge como um oásis, frequentado por gente de toda a cidade. Nos finais de semana, certamente, a frequência ganha os ares de prática cidadã integral. De todos os bairros os moradores se deslocam para procurar visitar os museus, caminhar nas alamedas do parque. É um vizinho nobre dos deputados.

Abrimos o estacionamento da Assembleia Legislativa, bem em frente, para que as pessoas possam deixar seus veículos em segurança e sem pagar nada, enquanto as famílias aproveitam o convívio ao ar livre. O cidadão precisa saber que a Assembleia é sua casa. Venceu o bom senso.

A descoberta, recuperação e exposição do acervo histórico é um capítulo à parte.

Procurando conhecer todos os departamentos e toda a área da Assembleia para elaborar nosso programa de governabilidade, fui fazer um reconhecimento no subsolo do edifício. Encontramos dois cofres gigantescos, na verdade duas salas preparadas para guardar o dinheiro que circulava na Assembleia no final da década de 60, já inativos. Mas não vazios. Deparei-me com milhares de documentos amontoados, fotos raras, livros e móveis de época.

Naquele canto, esquecida em pilhas de papeis, ao léu, sem nenhum cuidado e num anonimato de dar dó, estava a História Legislativa de São Paulo e seus municípios. Fiquei pasmo. Ficamos estarrecidos. Ao acaso, fizemos uma monumental descoberta. Um item de valor imensurável que vinha, naquele amontoado de escritos, gritar para compor nosso projeto.

Não houve nenhuma dúvida. Imediatamente organizei uma equipe, uma espécie de comissão de frente de historiadores e bibliotecários sob a orientação do historiador Carlos Dias, que tinha me abordado em minha caminhada pelos porões, para garimpar aquela riqueza, arrancá-la daquele porão, e expô-la para que as pessoas conhecessem o valor dos documentos que ali se escondiam.

Hoje, este patrimônio da história de São Paulo está reunido num maravilhoso acervo de mais de 350 mil páginas das mais extraordinárias e marcantes à disposição de quem quer conhecer curiosidades e fatos de todos estes momentos.

Pela internet, todo material está digitalizado, aberto para o mundo, num trabalho que contou com a participação profissional e qualificada da FAPESP-Fundação de Amparo à Pesquisa do Estado de São Paulo.

Tantas iniciativas nos garantiam que não poderia haver prestação de contas sem comunicação, assim como não pode haver democracia plena sem comunicação. Os tempos negros das ditaduras que o país enfrentou mostram isso com absoluta e fria estatística. A comunicação é o ponto central do relacionamento humano. Não bastava, na Assembleia, pensar nisso. Era preciso fazer alguma coisa que abrisse a janela de nossas ações.

Trabalhar para a população com um organismo fechado sobre si mesmo, olhando-se no umbigo e nos pés é andar contra a civilidade. A criação do Departamento de Comunicação, visando desempenhar uma articulação abrangente, estruturada em uma política interna de integração funcional e, mais do que isso, estabelecer um contato com os veículos de comunicação tradicionais e todas as ferramentas disponíveis, para informar, responder, dispor para o público tudo aquilo que o público, por direito, precisa saber, foi um passo avançado.

A telinha da TV Legislativa foi um sucesso. Causou um tremendo alvoroço. Eu queria, e acalentava o sonho, dentro do nosso programa de modernização, que tivéssemos um canal próprio, espaço para mostrar o trabalho dos deputados, muitas vezes não abordado pela imprensa.

A Lei 8.977, sancionada pelo presidente Fernando Henrique Cardoso em janeiro de 1995, veio como um bem para consolidar as metas democráticas e a pluralidade nas possibilidades empresariais da televisão brasileira. Não posso deixar de citar o entusiasmo e a força transmitidos pelo ministro das Comunicações Sérgio Motta para o projeto. Esta possibilidade da TV me deixava irrequieto, porque eu estava convencido, em meu sonho de mudança, que um canal legislativo, naquela hora, abrigaria uma força de expansão e cristalina depuração no intento de informar à população.

A televisão da Casa nasceu como visionária rede de ações para discutir cidadania e auxiliar nas estratégias para construir um estado mais integrado, mais aberto e dinâmico. Conseguimos, ao longo de várias reuniões, na época com a Net, que nos garantiu estrutura e orientação técnica para operar o canal colocado à nossa disposição, e depois com a TVA e Multicanal parceiras na exibição, montar todo o aparato.

Os preceitos legais para a criação do instituto jurídico, técnico e operacional vieram com estudos feitos entre o jornalista Fernando Coelho, primeiro diretor da TV, a área jurídica da Assembleia e os diretores da Fundação Padre Anchieta, que abriga a TV Cultura de São Paulo com o apoio do seu presidente na época, jornalista e poeta Jorge da Cunha Lima.

Conseguimos estabelecer um contrato formal de prestação de serviços, dada a larga e inquestionável experiência da TV Cultura no ramo, entre duas instituições sem finalidade lucrativa, para colocar a emissora no ar. A TV Cultura transformou-se em nossa fornecedora, oferecendo mão de obra técnica, equipamentos de captação e edição e toda manutenção necessária para a eficiência e funcionamento da TV Legislativa.

O contrato solidificou-se, pontuado de seriedade e soberba parceria que frutificou, gerando uma programação saída com as ocorrências do plenário, do parlamento todo, das salas de audiências públicas, dos Projetos de Lei que, hoje em dia, são melhores compreendidos pela comunidade.

A pequena e combativa equipe que o Fernando comandava, para dar conta de uma programação ainda experimental e que serviria de modelo para o futuro, não descansava. O projeto piloto estava pronto.

Os jornalistas Getúlio Alencar, Cláudia Collucci, Magali Sampaio, Patricia Pioltini, Marisa de França, Davi de Almeida, Jonas Morais, com o apoio de produção e arte de Sergio Alves, Luciana Palhares, Everaldo Leite e Rui Marques Palhares, venceram todas as barreiras iniciais, e o projeto da TV Legislativa está no ar há uma década e meia.

No dia 21 de novembro de 1996, o canal foi inaugurado. A cerimônia foi no salão monumental da Assembleia Legislativa, com a presença de autoridades, dos funcionários da Casa e do governador do estado, um entusiasta do projeto. Animava o encontro pioneiro, a banda de jazz da Policia Militar do Estado de São Paulo. Em seu discurso, curto e objetivo, Mario Covas mostrou, de novo, sua face democrática, feição de administrador arrojado:

"É a segunda vez, que, nesse curto período de dois anos eu compareço a Assembleia Legislativa, para ver associada a prática parlamentar, os avanços que a tecnologia é capaz de oferecer. Há algum tempo atrás aqui vim quando se inaugurava um serviço relativo ao banco de dados, através do qual a cidadania pode, com um mecanismo muito simples, aferir o andamento de projetos, sua destinação, seus relatores e a sua tramitação.

E agora, hoje, a inauguração da TV Legislativa. Este é um ato cuja importância não se limita apenas a tradução daquilo que ocorre no Poder Legislativo. Há um episódio recente na vida politica brasileira dos mais significativos, de grande, enorme repercussão, que redundou num impeachment de um presidente da República.

Eu tenho para mim, com absoluta convicção e certeza, de que naquele instante, de alguma maneira, um plebiscito nacional se fez pelo fato de que durante todo período de discussão da Comissão Parlamentar de Inquérito, os meios de divulgação, a televisão em particular, propiciaram cidadania sem intermediários, permitindo que ela ajuizasse, ela própria, os atos que estavam ocorrendo.

A TV Legislativa não é apenas um instrumento adicional de comunicação, se o fosse é provável que a confusão aumentasse, seria o filho a querer assistir futebol, a filha a preferir o filme, a esposa a querer assistir a novela e o marido a querer ver o noticiário.

Se a TV Legislativa já existisse há mais tempo, muito provavelmente essa equação já teria solução, porque será através da TV que se aprenderá na composição do exercício da cidadania o significado do convívio entre o contraditório, da tolerância entre pensamentos diversos e da capacidade da articulação e da interação de natureza democrática.

Eu tenho certeza que num mundo onde informação e democracia são irmãs gêmeas, a TV Legislativa será um instrumento de alto significado para os deputados, sem dúvida, para o Poder Legislativo com muito mais razão, mas sobre tudo para o cidadão que vai complementar o reconhecimento do espaço que ele possui e da amplitude que as instituições oferecem. Eu espero que, com esta inauguração, cada vez mais a democracia e a TV Legislativa passem a ser campeões de audiência."

Venceram: o otimismo, a esperança no futuro, a força inesgotável da comunicação quando as instituições são equipadas para que a informação possa ser um bem comum, um patrimônio que venha servir à educação e à formação cidadã de uma nação.

A vitória da modernização da Assembleia Legislativa pertence ao povo de São Paulo, herói em sua alma generosa, em sua força de trabalho, em sua liderança social. Eu cumpria, então, um dos últimos compromissos contidos em nosso plano de ação.

Reunião com funcionários do Banespa em 31.01.96. Do lado esquerdo de Ricardo Tripoli, o deputado Vanderlei Macris. Foto Cerimonial da Assembleia.

Em 14.05.96, abraçando o deputado federal Luis Eduardo Magalhães, presidente da Câmara dos Deputados. Foto Cerimonial da Assembleia.

Breve final

Centenas de fotos foram distribuídas sobre a mesa. Muita gente estava lá, fixada em cada uma delas. Elas são testemunhas inolvidáveis de dias e dias de agendas cumpridas na presidência da Assembleia, como militante do PSDB, como deputado que não pode se furtar a cumprir compromissos públicos.

Muitas autoridades, chefes de estado, embaixadores, cônsules, emissários de governos, deputados de outros países, representantes de agremiações, grupos de cidadãos, estiveram no Palácio 9 de Julho, e estão retratados num acervo fotográfico pessoal e cujos registros, pela sua importância histórica e pela importância pessoal de alguns ora são mostrados.

As fotos não são elementos meramente ilustrativos, antes, reivindicam um lugar de compromisso na História.

Minha memória teve que ser constantemente provocada para escrever este livro, e isso foi bom, porque as lembranças me obrigaram, por outro lado, a comparar atitudes, situações, procedimentos, me dando eloquentes lições para o presente e, certamente, para os dias de amanhã.

Foi mais um desafio vencido com muita humildade. As fotografias escolhidas para publicação representam o conjunto de personagens que, de alguma maneira, engrandeceram minha agenda e minha caminhada e, de outra parte, também foram atendidas e ouvidas naquelas audiências de dezesseis anos atrás. No calendário, o Brasil ia se movimentando.

Tancredo Neves, Franco Montoro, Fernando Henrique Cardoso, José Serra, Walter Feldman, Geraldo Alckmin, Mario Covas, Luiz Inácio Lula da Silva, Luiz Eduardo Magalhães, permeiam a iconografia, porque, como outros tantos ilustres homens públicos brasileiros, estiveram sempre presentes nas transformações políticas e sociais que se fizeram necessárias. Estiveram sempre perto dos benefícios que sonhamos para a ordem pública

Disse antes e repito: não sou escritor. Este relato não quer passar de uma prova de confiança no trabalho coletivo, de minha convicção na disposição de se construir projetos, de minha confiança nas pessoas. Este é o ponto: acreditar. E eu acredito. É por isso que fiz do meio ambiente minha trincheira, meu ornamento ideológico para conquistar os jovens, as donas de casa, os estudantes, as pessoas. Para mudar preservando. Não há futuro sem sonho. Nem futuro sem a natureza como parceira.

Sinceramente, apesar de tudo, da negação revelada por princípios que muitas vezes nos surpreendem, acredito. Todos os dias, acordamos com um país inquieto por ações e situações dramáticas estampadas nas páginas dos jornais e apregoadas pelas televisões. Mas creio na transformação. Acredito num Brasil melhor.

E acredito em São Paulo. É daqui que olhamos o cenário brasileiro. E é daqui que as soluções para tantos desequilíbrios acontecem. São Paulo é uma terra capaz de conciliar a diferença. De reverberar o convívio múltiplo. De oferecer uma estrada ampla, iluminada e farta, de busca de vida e realizações sociais.

Não faltarão homens e mulheres dispostos a melhorarem nosso país.

Equipe de trabalho da presidência da Assembleia em 1995-1996.
Foto de Roni Celestino.

Covas e Tripoli.
Fotógrafo não identificado.

Em campanha, tomando café com Mario Covas no Mercado da Lapa, ladeados por Odair Pujol e Silvio Katsuragi. Fotógrafo não identificado.

Tripoli discursando na campanha de Fernando Henrique Cardoso para prefeito de São Paulo, tendo Mauro Sales e José Serra ao lado. Fotógrafo não identificado.

*Filiação do prefeito AntonioPalanese, de São Caetano do Sul ao PSDB, em 01.12.95.
Foto de Ângelo Perosa.*

Em 28.05.96, evento do PSDB no Palácio dos Bandeirantes. Zulaiê Cobra Ribeiro é a segunda da esquerda para a direita, Franco Montoro, Lucy Montoro, Mario Covas, Gilson Barreto, Teotônio Vilela Filho, Roberto Tripoli e Ricardo Tripoli. Foto de Ângelo Perosa.

Cerimônia de entrega de cargos de secretários do prefeito Mario Covas, em 26.12.83, que retornam à Câmara Municipal. Presença do deputado Ulysses Guimarães. Fotógrafo não identificado.

Dom Paulo Evaristo Arns, Cardeal Arcebispo de São Paulo, recebe a visita de Ricardo Tripoli em 28.04.95. Foto Cerimonial da Assembleia.

Primeira equipe de informática da Assembleia Legislativa. Da esquerda para a direita Luis Carlos Pinto (Luisinho), Solange Basso, Ari Galvão, Débora Stela, Karen Elma Dohs (falecida), Adriana Defilipe e Donizete Souza Machado. Foto de Maurício Garcia de Souza.

Vista geral do plenário da Assembleia Legislativa em 18.08.95. Ato de funcionários em defesa do Banespa. Foto Cerimonial da Assembleia.

Foto de 1995, na Assembleia Legislativa, quando a direção do PT visitou a Casa no dia seguinte à posse da Mesa Diretora. José Dirceu, presidente do Diretório Estadual do PT, Milton Flávio, Professor Luizinho, primeiro-secretário da Mesa, Lula, presidente do Diretório Nacional do PT, Roberto Gouvêia, Ricardo Tripoli, presidente da Assembleia Legislativa, Rui Falcão, líder da bancada petista e Coronel Ferrarini. Fotógrafo não identificado.

OS PERSONAGENS QUE VIVERAM A HISTÓRIA

Antonio Angarita

"As relações de Covas com Tripoli permitiram uma reforma institucional ousada"

Bacharel em Ciências Jurídicas e Sociais pela Faculdade de Direito da Universidade de Minas Gerais, especialista em Economia Brasileira pela EAESP-FGV, vice-diretor e consultor sênior da Escola de Direito de São Paulo da Fundação Getúlio Vargas, FGV-EDESP. Foi professor da EAESP-FGV, chefe dos departamentos de Ciências Sociais e de Fundamentos Sociais e Jurídicos da Administração da EAESP-FGV, vice-diretor e diretor da EAESP-FGV e membro do Conselho Diretor da UNICAMP. Foi secretário da Cultura e secretário do Governo e Gestão Estratégica do Estado de São Paulo (1995 a 2002).

Em 1995, quando o governador Covas assumiu o Poder Executivo do Estado de São Paulo, o senhor compunha aquela equipe que vinha para dar um tratamento diferente à administração estadual. Era um momento especial?

Eu costumo dizer que comecei no governo Mario Covas antes de estar no governo. O primeiro ensaio de aproximação política com ele aconteceu na campanha da presidência, onde nós tivemos insucesso, mas ali nos aproximamos. Éramos um grupo fechado da Fundação Getúlio Vargas, da Escola de Administração. Um grupo organizado de juízes e desembargadores que também se aproximou de mim e nos organizamos como pessoas e cidadãos livres. Eram pessoas que gostavam do Mario e achávamos que ele tinha valor. Começamos a trabalhar essa experiência. O Mario sabia e nos encorajava ao seu modo. Mario era um homem que tinha mil e uma coisas na cabeça, diferente de nós todos. Na minha cabeça tinha pouca coisa, e uma delas era o desejo de ajudá-lo, e ele, que tinha mais o que fazer, muito mais, estimulava nossa iniciativa.

Quando o senhor diz ao "seu modo" como era essa característica, como era o modo Covas?

Primeiro ele reconhecia a possibilidade de delegar, fazia testes na delegação. Quando o teste ocorria com sucesso, ele delegava plenamente. Vou dar um exemplo: no segundo mandato, no finalzinho do primeiro, ele me disse: "Angarita, eu vou sumir e você fica aí com o Geraldo. Não fale comigo que eu não quero saber de nada que esta acontecendo no governo, vocês dois cuidam disso aí." Isso é uma delegação, muito séria, uma atitude que os americanos chamam de full delegation, e foi feito assim. Mas ele queria a reforma institucional que nós tentamos, era um plano ambicioso, e que nós não faríamos reforma administrativa, porque a reforma administrativa é, digamos, a primeira coisa que o governante faz. Entretanto, todo conceito que nós trazíamos com a experiência de cada um, era para se fazer a reforma institucional.

Quer dizer então que essa tentativa de fazer uma reforma institucional, que chegou a limites ótimos, teve êxito porque o Mario encontrava sempre uma compreensão, se não, uma aliança firme com o Tripoli, na Assembleia Legislativa. Eles eram amigos e posso testemunhar o respeito e carinho que Mario tinha pelo Tripoli. Era especial, ele gostava do Tripoli, de conversar com ele, e o Tripoli sabe disso, e ele sabe que eu sei. O PSDB chegava ao poder depois de uma experiência frustrada de governos anteriores, e não vou mencionar nomes porque a historia já registrou. Tem aí uma grande figura pública que naquele tempo estava próximo da gente que dizia assim: "parece um sonho estar no poder, não é possível isso", de tal forma que era uma nova posse que a sociedade fazia com nossa chegada. O Fernando Henrique assumiu o seu mandato e o Mario assumiu aqui, mas pegou o avião e foi para Brasília. E nós ficamos no palácio como se fôssemos malucos, ninguém

Antonio Angarita

sabia de nada do governo anterior. Não foi leal a passagem do governo para o Mario Covas.

Quando Mario voltou de Brasília, começou a ver o tamanho do pepino, a despeito do Fleury - agora convém citar o nome -, ter designado um auxiliar dele para passar as coisas importantes para o Mario, e o Mario me encarregou disso, de administrar essa passagem. Mas foi um caso. Ou nós fomos enganados ou Fleury não sabia de nada também, porque as informações que nos foram passadas não só eram muito incompletas, como algumas muito incorretas. É difícil você lembrar destes fatos e não ver um pouco de má-fé nisso. É apenas para te dar um exemplo dessa encruzilhada pesada.

Cinco ou seis dias depois de termos assumido, nós nos reunimos com o secretariado para examinar a situação, e constatar que não tinha dinheiro nem para pagar funcionário público, e isso nós não sabíamos. Então, foi uma situação penosa, porque o pessoal queria ir aos bancos numa determinada hora, e, na outra, não. Mas o bom senso do Mario não permitia isso, ir aos bancos e pagar juros, principalmente porque ele via ali uma questão política e não meramente de gestão.

Nesta fase os senhores descobriram o quadro de necessidade que estava instalado na administração.

Exatamente nesse instante, e foi uma decisão dolorosa para um líder democrático como ele, ter de pagar, pela primeira vez, o salário dos funcionários públicos em 3 vezes. Isso era um negócio dolorido para todo mundo. Foi feito um escalonamento, pagou-se primeiro os de baixa remuneração, e, naturalmente, essa era a cabeça do Mario funcionando. Imediatamente, 15 dias depois, chega o secretário de Energia David Zylberzstajn, dizendo que estava vencendo o empréstimo da CESP na Europa, de alguns bilhões de dólares. De fato, foi o primeiro sintoma de que nós tínhamos que mexer nas propriedades do Estado de São Paulo, nas empresas, que o déficit público era cumulativo e exponencial, a geração de caixa não dava para suportar um terço dessa dívida e os ativos eram fantásticos, cobiçados, grandes. Quer dizer, uma situação econômica boa, mas a financeira totalmente falida. A partir daí, então, começou-se a estudar a privatização.

Eu me lembro de um almoço onde, por sugestão minha, o governador Mario Covas chamou para almoçar o jurista e professor da Faculdade de Direito da USP, Fábio Conder Comparato. Expusemos ao Fábio a questão e as soluções jurídicas que precisavam ser encaminhadas e o Mario disse assim: "eu preciso que você me de um palpite sobre isso Fabio", ambos se respeitavam e se gostavam, e o Fabio respondeu: "eu preciso de um tempo", e o Mario retrucando: "hoje à tarde". E no fim do dia o Fábio me procura: "olha, diz ao Mario que no voo do pássaro, fiz, que está tudo certo, são estas as orientações." São momentos que a história precisa registrar. Então, esse era o quadro; o quadro político era um quadro de espanto. E nesse momento nós tínhamos pessoas jovens, como o Tripoli, jovem e já respeitado, indo para a presidência da Assembleia. Era um momento de muita importância para a política e para os políticos de São Paulo, um momento que, infelizmente, se acabou.

E este relacionamento que o governador Mario Covas começou a manter a partir daí com a Assembleia, como o senhor analisa?

Ele respeitava muito esse relacionamento. Para te dar um exemplo, Mario foi um dos governadores que mais reuniram o secretariado. Isso é mitologia, dizer que ele era centralizador, mitologia pura. Ele era sim, um homem forte, um homem que sabia pedir, sabia discutir e discutia intensamente, porque o Mario não comia prato feito, ele ia querer saber a receita, quanto de sal, quanto de pimenta, para fazer o prato junto.

Respeitava tanto a Assembleia, que instruiu os secretários, técnicos ou não, já no primeiro dia de trabalho: "olha, quero fazer um pedido aos senhores, deputado tem precedência sobre qualquer negócio da agenda de vocês, tem precedência, tem que atender deputado, dar atenção a eles, eu sei que vocês são pessoas educadas, mas não são políticos, e meu governo é político." Veja que era uma manifestação de cuidado, respeito e de compreensão da função legislativa. Ele sabia que Executivo precisava se organizar sem fazer concessões de princípios, tinha que se organizar para ter vantagens políticas na negociação com o Legislativo.

Um dos momentos mais interessantes do governo do Mario foi quando ele resolveu fazer uma experiência de mudar a relação com o povo. E nós dizíamos um para o outro, que o serviço público é um serviço que tem dois personagens, com aquele que fornece e aquele que consome, todo mundo sabe disso. Esse ponto era novidade na conversa de um político.

Normalmente o político acha que o serviço público é hegemônico, que não deve nada a ninguém, o que é uma visão oligárquica portuguesa e antiga que nós herdamos. O Mario queria saber como nós resolveríamos isso, e nos ocorreu criar em nosso governo uma estratégia de aproximação com a população, e implantamos o Poupa Tempo que foi um negócio bem pensado, bem organizado, cujo conceito era de que o serviço público devia ir ao encontro do povo e não de encontro a ele e ficar lá, atendendo.

O Poupa Tempo saiu das repartições públicas, mobilizou novos quadros e ofereceu serviços em Itaquera, na Praça da Sé, em Santo Amaro, e foi ao encontro das necessidades das pessoas. O projeto foi mostrado ao Mario e ele disse: "vamos tocar" e houve dificuldades.

De que dimensão eram estas dificuldades?

De toda ordem, eram dificuldades institucionais, não tinha onde colocar o Poupa Tempo, mais os problemas técnicos. A determinação do Mario era que se fizesse um decreto sob a responsabilidade dele para realizar o projeto. Foi uma experiência que nos gratificou muito. Tivemos a ideia de criar um grande conselho que ajudasse a elaborar pautas do governo, e o Mario consentiu. E nós fizemos, chegamos a reunir algumas vezes pessoas da sociedade, pessoas interessadas, cidadãos importantes, industriais, banqueiros, professores, muita gente conversando sobre o que seria o governo do Mario. Chegamos a organizar 21 pontos cruciais, e ficou sendo a Agenda 21, sem confundir com aquela do Rio de Janeiro, que na época era sobre ecologia.

Era um rumo para governar?

Era, sim. Nós tínhamos 21 pontos para desamarrar, num diagnóstico raro. Quando você sabe que há problemas pontuais para resolver, e identificamos estes 21, em qualquer situação você termina por ganhar a guerra, e foi uma situação que nos agradou muito, ao Mario inclusive, porque ele tinha apreço por estas medidas, acompanhava a gente em tudo. Mas a razão eficiente disso seria a reforma institucional. Ali não havia dúvida que as relações do Mario com o Ricardo Tripoli permitiriam uma reforma institucional ousada, abrangente, como era a que nós tínhamos previsto. Contudo, vieram logo pautas mais urgentes do governo, e uma delas foi a privatização, além das questões emergentes que tinham que ir para a Assembleia. Novamente o Mario chamou as lideranças da Assembleia para expor as questões do governo. Mario Covas fez um governo paciente, o que derruba outra mitologia: a de que o Mario era intempestivo. Não é verdade, ele era paciente, tanto que as reuniões de secretariado chegavam a ser maçantes. Mario esgotava cada assunto, ele ouvia todo mundo em detalhes.

Uma experiência extraordinária é aquela da relação que o Mario tinha com os prefeitos, porque ele era político, um político fantástico, ele sabia onde estava o ouro lá embaixo, nas possibilidades. Assim, ele fazia outra recomendação aos seus secretários, para convocar reuniões periódicas com regiões do Estado de São Paulo, e os seus respectivos municípios.

O governador sabia, em detalhes, o que cada município negociava com o estado. Cada secretário tinha que informar o que acontecia em cada pasta com relação aos municípios, e se ele não soubesse ai sim, ficava muito bravo. Os prefeitos se assustavam com o nível de informação que Mario possuía, e ele afirmava que o líder tinha que saber tudo, ou não era líder. A cada prefeito, dizia: "faça três pedidos e escolha um dos três, que eu quero te ajudar um pouco mais." Esse era o momento do lado do político.

O prefeito apresentava sempre necessidades relativas à praça de esporte, asfaltamento de rua e reforma do colégio, isso era, digamos assim, 70% dos pleitos. Mario, enfático: "escolhe." E o prefeito escolhia a sua prioridade. Os prefeitos, também políticos, começavam a chorar, reclamando ajuda para um segundo pedido. E começava um jogo de feira árabe. Eu, que não tinha experiência de tudo aquilo, assistia atento.

Um desses episódios, eu não me esqueço, foi hilariante. O prefeito argumentou: "governador eu tenho um ginásio na cidade, está quase pronto, mas falta um dinheirinho para resolver o final, com os equipamentos, tenho a rua para asfaltar, mas a praça esta pequena e tenho um cemitério para fazer." Essa lembrança parece da novela do Dias Gomes. O prefeito escolheu completar o ginásio. O Mario garantiu, então: "olha nós vamos terminar o ginásio." O prefeito não deixou por menos, e retrucou: "mas governador, e o cemitério?" Mario rebateu: "você que escolheu, quer mudar?" E o prefeito rebateu: "dê também o cemitério que eu dou seu nome a ele."

O senhor era o secretário de Governo. Qual foi o seu choque ao assumir? O governador, juntamente com o presidente da Assembleia Legislativa, planejaram um trabalho modernizador e austero. Qual era o real quadro administrativo?

Nós estávamos muito assustados com as coisas novas e bastante complicadas que vinham acontecendo. Nós éramos parceiros e amigos do governador, todos ainda sem ter noção de tudo aquilo. Estou falando em meu nome, porque, de fato, eu não tinha essa noção precisa daquela complexidade. Fui levado pela responsabilidade do cargo de secretário, sem ter tido uma experiência anterior efetiva, a conhecer aquele quadro. Era uma tremenda novidade, e hoje percebemos que as soluções daqueles problemas foi um combustível raro no Brasil.

Esse momento de ter alguém como o Trípoli na Assembleia interessado no estado, modernizando e informatizando a Assembleia, colocando painel de votação, por exemplo, mudou tudo. Eu me lembro que a Assembleia deixou de ser uma Casa conservadora e atrasada, para ser uma Casa moderna e receptiva das coisas modernas. Essa relação entre as políticas do Tripoli na Assembleia e do Mario no governo do estado, e até do Fernando Henrique lá em Brasília, que sabia de tudo, era amigo dos dois, permitiu essa longevidade do PSDB no comando da política de São Paulo, cujos frutos são conhecidos.

É muito positivo quando há essa continuidade, que não é continuísmo, porque houve eleições, recorreu-se à população com o seu voto republicano. Essa coincidência foi sorte para São Paulo, poucos estados foram alavancados como São Paulo. São Paulo é um país, um país rico, próspero e carro-chefe brasileiro.

Antonio Carlos Maluf

"A Assembleia cumpriu o seu papel"

Antonio Carlos Rizeque Maluf é advogado. Foi secretário particular do senador Mário Covas em sua campanha à presidência da República, e seu secretário particular no governo de São Paulo; chefe de gabinete da primeira-Secretaria da Assembleia Legislativa do Estado de São Paulo; chefe de gabinete da secretaria de Serviços e Obras da Prefeitura Municipal de São Paulo, na administração Mário Covas; chefe de gabinete da secretaria de Estado do Abastecimento; secretário particular do governador do Estado de São Paulo, Geraldo Alckmin; secretário-adjunto da secretaria de Energia, Recursos Hídricos e Saneamento do Estado de São Paulo; membro titular do Conselho de Administração da Fundação Prefeito Faria Lima; presidente da Fundação Mário Covas; secretário particular do prefeito de São Paulo, Gilberto Kassab; é secretário de Relações Governamentais da Prefeitura de São Paulo desde janeiro de 2009.

O ano de 1995 ofereceu um momento importante da política paulista para o PSDB. Mario Covas assumiu o governo do Estado e ao mesmo tempo era eleito para a presidência da Assembleia Legislativa o deputado Ricardo Tripoli. O presidente Fernando Henrique Cardoso também tomava posse. O senhor acha que esta coincidência foi positiva para os projetos políticos do PSDB em São Paulo?

Sem dúvida nenhuma, porque foi um período marcado, segundo a minha memória, por uma reconstrução do estado, e isso é voz corrente, todo mundo sabia como se encontrava o Estado de São Paulo, inclusive com a intervenção do Banespa às vésperas do governador Covas assumir; São Paulo totalmente quebrado, vindo há 8 anos de um déficit orçamentário que, na média, era superior a 20 ou 30% ao ano. O Covas entrou com o firme objetivo de sanar as finanças do estado para poder governar e isso tinha que ser feito nos primeiros dois anos. Tinha que trabalhar com austeridade, enfrentava o problema fiscal para poder realizar seu programa de governo, e você pode imaginar a consequência política disso.

Covas precisava naquele instante realizar projetos que tinham que dar certo, e um ajuste fiscal precisa de apoio político; o ano de 96 foi particularmente difícil, foi um ano muito complicado, porque ainda em plena fase de ajuste, vieram as eleições municipais e como todo o período eleitoral, surgiu uma demanda muito grande por parte de prefeitos, de candidatos a prefeito e do pessoal do próprio partido, dos aliados, pedidos de apoio de todo o estado e o Ricardo Tripoli ajudou muito a administrar isso, na condução da presidência da Assembleia Legislativa.

Ajudou muito e foi muito cooperativo no sentido de dar sustentação política para esse período que foi muito difícil. E eu estou falando de uma forma geral, independente das ações pontuais, porque esse período foi marcado também por algumas mudanças de postura, de conceitos, procedimentos que exigiam legislação adequada, exigiam mudança de legislação, e, se você me permitir, eu cito um exemplo: o que mais me vem na lembrança nesse instante é o caso da secretaria da Saúde.

Como estava a situação dos equipamentos da saúde pública em 1995?

Quando o Covas assumiu o Governo em janeiro de 1995, nós tínhamos 14 esqueletos de obras de hospitais absolutamente paradas, obras iniciadas no governo anterior e interrompidas por aquele governo sem qualquer perspectiva de previsão financeira para serem retomadas. Ainda em 1995,

Antonio Carlos Maluf

no início do segundo semestre, Covas conseguiu juntar um dinheirinho para retomar as obras de um dos hospitais. Chamou o empreiteiro, renegociou contrato, pediu desconto e tal, e retomou as obras desse hospital. Depois de alguns meses aparece o secretário da Saúde, o Guedes, com uma pasta debaixo do braço, queria falar com o governador e eu entrei com ele na sala. O Covas olhou para o secretário Guedes e falou "o que é isso?", ele explicou que precisava de autorização para abertura de um concurso para 1.500 funcionários, e a reação do Mário Covas foi fulminante "você esta louco?", perguntou. Ele ainda tentou explicar e argumentar, esclarecer a Covas que com a retomada daquele hospital, para ele funcionar precisaria desses 1.500 funcionários.

A situação financeira era dramática e ele fuzilou: "então pode parar a obra já, eu não vou fazer, eu estou mandando gente embora, o estado não tem condições de pagar essa folha aqui, como vamos contratar mais 20 mil pessoas? Quando eu puder vamos retomar as obras de todos os hospitais." Naquele instante começou a ser gerada a história das Organizações Sociais e em alguns meses nós tivemos condições de elaborar um projeto de lei que foi para a Assembleia, e conseguimos aprovar as Organizações Sociais que hoje estão reproduzidas pelo Brasil inteiro como uma grande solução na área da saúde. As Organizações Sociais nasceram no governo Covas, necessitou de uma lei específica, que foi aprovada pela Assembleia Legislativa.

O governador Mario Covas queria sanear o estado. Ele e o presidente da Assembleia tinham como palavra de ordem austeridade administrativa. Essa afinidade de valores contribuiu para que os problemas começassem a ser solucionados?

Claro, porque não bastava o exemplo do Executivo só; se a Assembleia, naquele instante, via sua presidência, que era exercida pelo Tripoli, não acompanhasse o governador em medidas desse tipo, medidas inclusive, vamos dizer, chamadas de impopulares, medidas fortes de austeridade, seria muito mais difícil para o governo do estado normalizar toda a situação. Sem essa cooperação não se conseguiria avançar muito. Covas tinha um respeito muito grande pelas instituições, pelos cargos que as pessoas ocupavam, e o Tripoli respondeu na presidência da Assembleia com aquele espírito de austeridade que Covas também praticava no Palácio dos Bandeirantes.

Para ilustrar esse respeito pelas instituições e pelo exercício da função pública, vou lembrar uma passagem que não é da presidência do Tripoli, mas foi quando Macris era o presidente da Assembleia. Ele foi lá, no Palácio, discutir com o governador uma reivindicação salarial da Assembleia. E eles conversando, conversando, Covas falando de tudo e depois de meia hora ele vira pro Macris e pergunta: "o que você veio fazer aqui? Toma cuidado com o que você vai me pedir, porque eu nunca disse não para o presidente de um Poder."

Covas comprou a briga com os procuradores autárquicos, porque os procuradores do estado recebiam verba honorária e os autárquicos também, só que os autárquicos não executavam a dívida ativa, eles participavam e recebiam aquele complemento salarial, foi um inferno essa briga. Covas comprou o mesmo tipo de briga que o Tripoli comprou com os procuradores na Assembleia.

Do ponto de vista político onde a Assembleia foi essencial para o governador Mario Covas? A privatização das energéticas saiu na frente?

Olha, a questão das energéticas foi importantíssima, porque quando o Fernando Henrique e todo o governo federal começaram a discutir a desestatização do setor elétrico, foi São Paulo que apoiou e respondeu prontamente. Foi o único estado a fazer isso, e hoje, nós estamos em uma situação privilegiada. Eu acho que acertamos, e a Assembleia respondeu de uma forma absolutamente irrepreensível. Eu não vivia o dia a dia da Assembleia, não posso definir exatamente o drama que foi cada uma dessas aprovações, mas a Assembleia não nos negou nenhuma resposta.

Naquele ano de dificuldades financeiras para o governo estadual, o senhor vê como positiva a compatibilidade de ideais da Mesa Diretora da Assembleia Legislativa e do governador Mário Covas na correção de rumos administrativos?

Eu não tenho nenhuma dúvida. O Covas costumava dizer que fazer o ajuste fiscal em si não era nada, e ele nunca quis propaganda disso, mas que o importante mesmo é o que você faz com o resultado do ajuste fiscal. Ele conseguiu fazer o ajuste fiscal e eu assisti Covas implantar uma forma nova de governar, ele tinha uma visão efetiva de estadista. E aí eu começo a lhe dar exemplos de todas as áreas, como a da saúde, que foram trabalhadas de maneira absolutamente inovadora, principalmente as Organizações Sociais que deram certo.

Vou lhe dizer, por exemplo, da parte dos transportes, da concessão de rodovias, que foi um processo onde ele apanhou durante anos e anos, e que hoje você tem em São Paulo as melhores e mais modernas rodovias do país graças ao trabalho de Covas. Veja que tem aí agora o governo federal correndo atrás, depois de ter 10 ou 15 anos batidos na história, querendo concessionar todas as rodovias. Também no processo de concessão nós precisamos da Assembleia, foi importantíssimo o apoio do Parlamento paulista. E você vê que são coisas, ações fortes que mudam a cara do estado e a cara da política, o modo de fazer política.

Outra revolução que o Covas iniciou foi na área de Segurança Pública, quando ele tirou o preso provisório das mãos da Segurança Pública e passou para as mãos da secretaria de Administração Penitenciária. Esta medida permitiu esvaziar as delegacias de polícia. Mas em todas as áreas houve inovação desse tipo e em 99% delas houve a participação da Assembleia, e as grandes mudanças foram feitas nos dois primeiros anos de governo, que deram o tom dessa evolução toda.

Posso compreender que os anos de 95 e 96 foram definitivos para estas inovações?

Perfeitamente. Eu cito aqui algumas ações que, às vezes, ficam como coisas esquecidas, por exemplo, o rodízio de veículos, que nasceu entre 95 e 96, e que hoje está presente aqui em São Paulo, mas nasceu lá, foi construído naquela época. Cito ainda a história da própria FEBEM - não dependeu da Assembleia Legislativa -, mas foi um ato de descentralização importante, porque quando nós chegamos ao governo, tinha a FEBEM com unidades que abrigavam mais de 2 ou 3 mil internos. É bom lembrar que todo o programa de descentralização em pequenas unidades começa no governo Covas também.

Além da parte de concessão de estradas, vamos pegar outro exemplo, o do Poupa Tempo, uma coisa que surge nesse primeiro ano de governo, em 95 e em 96, exatamente em cima da recuperação da Prodesp, criamos o Poupa Tempo. Covas deu um avanço ao estado muito grande em termos de governo eletrônico. O próprio desenho funcional estadual foi modificado. Quando ele chega no dia 1º de Janeiro, acabou com o Baneser, que tinha mais de 30.000 funcionários sem nenhum concurso público. O Baneser não tinha só apadrinhados, tinha também pessoal de ramos variados, que trabalhava, como os agentes de assentamento de terra, o pessoal da orquestra sinfônica, tinha também o que chamavam de guarda-escola. Covas foi firme nessa história, com apoio da Assembleia, acabando com o Baneser. Isso propiciou alternativas e acabou surgindo a fundação que hoje abriga a Orquestra Sinfônica do Estado de São Paulo, veio a Fundação ITESP e, com o tempo, se regularizou isso tudo.

Não dá para você falar de governo Covas sem falar do apoio que houve e foi efetivo, da Assembleia. E tenho que falar sobre as demandas que vinham dos deputados e que Covas dizia: "olha não adianta você vir me pedir isso aqui, porque eu tenho, primeiro, que arrumar o Estado, e se a gente não arrumar o estado, você vai quebrar a cara junto comigo, então é melhor você me ajudar a arrumar o estado, antes de ficar liberando verba pra prefeito, porque não é isso que vai resolver." A pressão dos prefeitos em cima dos deputados era muito grande e o Tripoli ajudou muito a absorver essas pressões. Resvalava em cima da Casa Civil, mas o Tripoli também foi muito firme.

Houve uma articulação para compor a Mesa. Como o senhor avalia essa postura para que São Paulo pudesse crescer melhor?

Olha, foi muito importante. É um pouco aquela história de Covas sempre ter sido um político coerente. Lembro-me que no período da campanha eleitoral, não faltava quem dissesse pra ele "olha diga isso, ou diga aquilo", e ele sempre reagia de uma forma clássica, dizendo "preciso tomar muito cuidado com o que eu digo, porque depois eu vou ter que governar", e a coerência sempre foi uma palavra de ordem na vida dele.

A coerência política de Covas foi construída em cima dessa diversidade partidária, em cima da democracia, e ele fazia questão de exercer isso, eu acho que a composição da Mesa da Assembleia, nessa época, refletiu essa maneira de agir, e nós recebemos o respeito dos partidos de oposição, houve oposição, houve oposição firme, mas nunca houve vamos dizer assim, o chamado trator, eu não me recordo de nenhuma vez em que o governador tenha chamado o Tripoli, ou o líder de governo, para dizer qualquer coisa que afetasse votações, pelo contrário. Me lembro que, na votação da Comgás, se não me engano o líder de governo era o Macris, e ele foi ate o gabinete para falar "olha governador, esta muito difícil, não sei ...", e Covas respondeu: "vota, não vou fazer nenhuma concessão, votem, e vocês que assumam as responsabilidades, a responsabilidade é de vocês, eu fiz a minha parte."

E a Assembleia acabou por votar e tudo saiu de acordo com o que se queria. Posso dizer que quando a Assembleia foi chamada à responsabilidade, ela entendeu o seu papel. Mas você precisa ter um líder do tamanho do Covas, com a postura do Covas para fazer respeitar essa relação entre as instituições, e o Tripoli correspondeu muito bem a isso, porque ele deu dimensão à Assembleia, abrigando a oposição e não fazendo daquilo uma base de apoio ao governo, única e exclusivamente. Eu acho que o Ricardo Tripoli foi muito feliz na gestão dele.

Auro Caliman

"É orgulho do povo de São Paulo"

Auro Augusto Caliman é advogado. Doutor em Direito do Estado pela Faculdade de Direito da Universidade de São Paulo. Mestre em Direito Político e Econômico pela Universidade Mackenzie de São Paulo. Bacharel em Direito pela PUC-SP. Bacharel em História pela USP. Licenciado em História pela USP. Bacharel em Filosofia pela Faculdade Nossa Senhora Medianeira (Jesuítas). Assessor Procurador-Chefe da Mesa da Assembleia Legislativa de São Paulo: 1989 a 1997. Secretário-Geral Parlamentar da ALESP: 1997 a 2005 e de 2007 a 2009. Livro publicado: Mandato Parlamentar. São Paulo, Editora Atlas, 2005. Banco de Teses da USP: Processo Legislativo Estadual.

A proposta do deputado Ricardo Tripoli, quando assumiu a presidência da Assembleia Legislativa em 1995, era fazer uma reforma na instituição. Como o senhor encarou a ideia?

O Parlamento é uma instituição milenar que foi sendo moldada ao longo da história, na firme convicção de que o instituto da representatividade democrática efetiva os valores da igualdade e liberdade entre os homens. Cito Karl Loewenstein, a respeito, para quem "a invenção ou descobrimento da técnica de representação foi tão decisiva para o desenvolvimento político do Ocidente e do mundo, como foram para o desenvolvimento técnico da humanidade a invenção do motor a vapor, a eletricidade, o motor de explosão ou a energia atômica. Um governo é sempre indispensável para uma sociedade estatal organizada.

Mas foi a técnica da representação que tornou possível a instituição do parlamento como detentor de um poder separado e independente do governo. Sem a introdução do princípio da representação, o poder político teria permanecido monolítico indefinidamente, assim como ocorreu fora do mundo ocidental, até que, finalmente, nestes territórios, o absolutismo sucumbiu ao tomar contato com a ideia do Constitucionalismo liberal."

Nessa perspectiva, entendo que se impendia, à época, operacionalizar mecanismos para melhor efetivação do exercício da representatividade parlamentar.

É comum no Brasil que os conceitos de reforma, mudanças e modernização provoquem choques no interior dos organismos. Quais foram as primeiras dificuldades que o senhor enxergou naquele momento?

O passado político recente da representação parlamentar na federação brasileira estava, até início da década de 80, fundado no bipartidarismo e as estruturas da organização do parlamento paulista refletiam essa realidade. Na medida em que as eleições se sucediam e mais agremiações políticas emergiam no cenário da representação, houve necessidade de se repensar um Parlamento pluripartidário, garantindo-se a todos os representantes do povo paulista, desde espaço físico no edifício, passando por estrutura administrativa até mudanças regimentais que abrigassem essas mudanças.

A reforma administrativa da Assembleia sugeria acabar com as decisões verticais, distribuir melhor o comando da Casa, buscando eficiência. Quais as vantagens que vieram com esta decisão?

Buscou-se racionalizar as atribuições entre os órgãos da estrutura da Assembleia, partindo-se da óbvia premissa de que alguns (órgãos) dariam sustentação à atividade-fim do Parlamento e outros à atividade-meio. A Assembleia Legislativa foi perspectivada em duas secretarias gerais: a Parlamentar (SGP) e a Administrativa (SGA).

Auro Caliman

Nas alterações definidas para o bom funcionamento do Poder Legislativo, a secretaria Geral Parlamentar foi ocupada pelo senhor. Quais eram as atribuições do departamento?

A secretaria Geral Parlamentar absorveu todas as atribuições da Assessoria Técnica da Mesa (ATM), exceto a representação judicial, que ficou com a procuradoria. Competia, então, à secretaria Geral Parlamentar prestar assessoria técnico-jurídica ao presidente da Assembleia Legislativa do Estado de São Paulo na condução do processo legislativo estadual. Aliás, também foi assim na condução dos trabalhos constituintes da Carta paulista, transcorridos entre 18 de outubro de 1988 e 5 de outubro de 1989.

Na prestação de assessoria técnico-jurídica ao presidente da Assembleia Legislativa e ao presidente da Assembleia Constituinte Paulista competia ao procurador-chefe da Assessoria Técnica da Mesa promover os estudos necessários à solução de Questões de Ordem suscitadas por parlamentares e respondidas pelo presidente da Assembleia Legislativa, concernentes a toda dúvida sobre a interpretação do Regimento Interno, na sua prática ou relacionada com a Constituição Federal e a Estadual. Essas atribuições de assessoria técnico-jurídica persistem até hoje ao secretário Geral Parlamentar.

Além disso, sob a perspectiva da efetivação da atividade-fim, a secretaria geral Parlamentar passou a contar com quatro departamentos: o Parlamentar, o das Comissões, o das Pesquisas e Documentações, e o das Comunicações. Esses departamentos deram maior agilidade à operacionalização do processo legislativo estadual.

Quais os benefícios legais, na orientação dos trabalhos parlamentares e informação para a Mesa Diretora, consolidados na rotina de votações?

É interessante registrar que o Parlamento paulista pioneiramente adotou na rotina dos seus trabalhos (registro de presença dos parlamentares) e das suas votações o painel eletrônico. Tratava-se de informações objetivas e transparentes que estavam ao alcance de todos os que dela precisavam, notadamente do público que acorria ao plenário da Assembleia para acompanhar os trabalhos legislativos. Além do que, iniciou-se, também, um processo de informatização das proposições legislativas. Todas as publicações que eram e são feitas no Diário Oficial sobre as proposições legislativas passaram a ser também reunidas em meio digital o que, para a época, era uma novidade.

O avanço no sistema de votações, segundo a proposta de reforma, beneficiou a rotina?

Se, por um lado, o painel eletrônico trouxe mais visibilidade para as votações parlamentares, o fato é que, para ser implantado, houve alterações regimentais que resultaram na figura da "abstenção": o parlamentar, se quisesse, podia registrar 'abstenção' e sua presença não contava para efeito de "quórum" deliberativo; diferentemente do que ocorre agora, a partir de 2008, onde a 'abstenção' é entendida como direito de obstrução da minoria e conta para efeitos de "quórum".

Quais as Questões de Ordem agudas e que tiveram pareceres onde o bom senso e o respeito à legalidade prevaleceram?

O processo legislativo, dizia Raul Machado Horta, "não existe autonomamente, como valor em si, pois é técnica a serviço de concepções políticas, realizando fins do poder". Já tive oportunidade de registrar que, como técnica a serviço de atuação parlamentar para consecução de fins políticos, o processo legislativo pode ser utilizado como instrumento de operacionalização em ordem a atingir os objetivos políticos desejados tanto pela maioria como pela minoria parlamentar, compostas por legítimos representantes do povo, e ambas dele farão uso para se atingir diferentes desideratos. Há dezenas de Questões de Ordem respondidas pelo presidente Ricardo Tripoli (1995 a 1997) e que podem ser consultadas em sua íntegra na internet (http://www.al.sp.gov.br > processo legislativo > questões de ordem) e servem de amostragem sobre a relevância das matérias suscitadas, que vão desde o impeachment do governador até, por exemplo, a fidelidade partidária na convocação de suplentes, passando sobre a tramitação de projeto de lei de diretrizes orçamentárias, orçamento anual, privatização do setor energético, etc.

Hoje, como o senhor enxerga as reformas que foram feitas na Assembleia Legislativa há 16 anos?

Penso que o Parlamento paulista é orgulho do povo de São Paulo. Desde 22 de fevereiro de 1835, quando foi instalado o Poder Legislativo da Província de São Paulo, até hoje, há registro de que todos os parlamentares foram eleitos pelo voto do povo (nunca no Parlamento paulista – que já foi até bicameral [República Velha] - houve parlamentar biônico, escolhido pelo Executivo ou por um Colégio Eleitoral) e deram sua contribuição para que o instituto da representatividade parlamentar fosse mantido.

Carlos Dias

"A Assembleia é uma grande vitrine para todo o Estado"

Carlos Alberto Ungaretti Dias é historiador e doutor pela Faculdade de História da USP. Professor universitário da Facamp (Campinas), foi assessor parlamentar na secretaria de Estado da Cultura e chefe de Gabinete da secretaria do Verde e do Meio Ambiente do município de São Paulo. Atualmente é diretor do Acervo Histórico da Assembleia de São Paulo.

É fato comum que o Brasil deixa perder sua memória, é um país que cuida pouco do seu passado. Não aprendeu a conservar. Em que condições o senhor encontrou o acervo histórico da Assembleia Legislativa, há 15 anos?

Acho que as coisas estão mudando rapidamente, os brasileiros estão remexendo sua memória como nunca se fez antes. Mas há 15 anos, na Assembleia havia um quadro contraditório que era muito interessante. Por um lado, caminhando pelos corredores, abrindo algumas portas, revolvendo prateleiras empoeiradas nós podíamos encontrar documentos fantásticos do século 19, começo do século 20. No entanto, em 1995 não existia nenhum órgão ou funcionário cuidando da vasta documentação histórica da Assembleia, foi esse quadro que encontramos.

Diante dessa situação de abandono, qual foi sua primeira preocupação?

A primeira preocupação foi com a necessidade de reunir, organizar e guardar de forma adequada toda aquela documentação histórica dispersa. Só juntar os diversos conjuntos documentais já era um passo importante, mas nós dependíamos da boa vontade da Mesa dirigente da Assembleia, e foi aí que tivemos a felicidade de poder contar com o deputado Ricardo Tripoli, na época, recém-eleito presidente.

Como começou esse trabalho?

O começo do trabalho foi marcado por um episódio casual. Dois ou três dias após a posse da nova Mesa, numa manhã, ainda bem cedo, ocasião em que a Assembleia estava vazia, eu encontrei o deputado caminhando por um corredor, no subsolo. Não perdi a oportunidade, comentei sobre a necessidade de cuidar de nossa documentação histórica. Ele respondeu: "olha, eu estou vistoriando todas essas salas e senti a mesma necessidade", e foi, então, que começamos a trabalhar no projeto para reunir e organizar toda a documentação e acervos espalhados pela Assembleia Legislativa.

A visão que o deputado Ricardo Tripoli teve para incentivar o trabalho de recuperar e organizar o acervo político e histórico da Assembleia foi inovadora?

O maior problema estava na mentalidade que prevalecia na época: cuidar da documentação histórica não estava entre as preocupações dos administradores. Ao contrário, a prática generalizada nos órgãos públicos era remeter a documentação mais antiga para os porões, sempre em instalações precárias, quase sempre úmidas, sem ventilação, sujeitas a intempéries que provocavam danos muitas vezes irreparáveis. Na Assembleia não foi diferente. Na década de 1970 houve várias inundações no subsolo da Alesp, uma delas decorrente de um grande vazamento no espelho d'água que circundava todo o Palácio 9 de Julho. Perderam-se muitos documentos, livros e uma grande hemeroteca. Nessa época foi realizado um primeiro trabalho importante para a preservação, parte da documentação foi reunida, removida para locais menos impróprios e foi produzido um livro sobre a História da Assembleia, no entanto, o trabalho dessa comissão não teve continuidade e

Carlos Dias

milhares de documentos, mais de vinte mil livros continuaram no subsolo em condições muito precárias, por mais alguns anos.

A iniciativa do deputado Tripoli foi conceitualmente inovadora, refletia a nova mentalidade que despontava, a preocupação era organizar de forma adequada aquele vastíssimo conjunto documental do Legislativo para preservar a sua memória e poder disponibilizá-la à sociedade dentro de padrões modernos.

O projeto era amplo e não ficou restrito à documentação histórica, já havia a preocupação com o que hoje chamamos de gestão documental, logo surgiu a questão do que fazer com os milhões de documentos mais recentes, também eles com diversos problemas de catalogação e armazenamento. Nós então começamos a discutir a necessidade da criação de uma tabela de temporalidade da documentação da Alesp, trabalho complexo que só agora, dezesseis anos após está se consolidando de forma plena. A política de gestão documental introduzida pelo Tripoli na Assembleia criou as bases para a modernização que vemos hoje.

Quais foram os seus passos a partir daí, já que eram muitas as dificuldades para que se instituísse um departamento que cuidasse do acervo histórico?

Em maio de 1995 foi criada uma comissão formada por três funcionários, depois começaram a chegar outros colegas para ajudar não só a reunir e organizar a documentação como para preparar uma grande exposição demonstrando todo o potencial do acervo histórico da Casa. Chegamos a contar com 26 servidores, já no final da gestão daquela Mesa. Nessa época foi aprovada uma ampla reforma administrativa na Assembleia, ocasião em foi criada a Divisão do Acervo Histórico.

O bom andamento dos trabalhos da comissão deveu-se também ao amplo apoio que a organização do Acervo ganhou de todos os departamentos da Assembleia. Nos primeiros meses, semanalmente, tínhamos algum colega que nos chamava para mostrar documentos, mobiliário, fotos, fitas de som e outros conjuntos que permitiram construir o atual Acervo. Lembro de um caso bem divertido: um fotógrafo nos chamou e falou, "nos temos um armarinho com algumas fotos que eu quero que vocês deem uma olhada"; fomos lá e encontramos 92 mil negativos 6X6, com registros desde a década de 50 até os anos 90, imagina que coisa maravilhosa? Uma preciosidade, você encontra fotos de Getúlio Vargas, Ulisses, JK, todos os governadores, deputados e outros políticos do Estado de São Paulo dos últimos 50 anos, além de personalidades internacionais como Mandela e Jimmy Carter.

O resultado desse trabalho foi muito gratificante, pois reunimos diferentes grupos de documentos, os colocamos em locais mais adequados, higienizamos, fizemos a descrição prévia, iniciamos a catalogação e o tombamento. Ainda realizamos uma exposição maravilhosa, moderníssima, com 120 documentos selecionados, três vídeos, duas fitas de som, projeção de slide, a produção de 24 cartuns, grandes painéis, gráficos, exposição de mobiliário, distribuição de folders e fac-símiles de documentos raros. Recebeu um nome muito significativo para o momento que vivíamos: Resgatar é Preciso!

Foi importante não só para apresentar à sociedade aquela documentação como permitiu que o próprio coletivo da Assembleia, deputados e funcionários se dessem conta da importância do Acervo que guardávamos em nossos arquivos.

Foi um trabalho despojado, com total comprometimento do presidente, teve períodos em que falávamos diariamente com o deputado Tripoli e, é importante lembrar, contamos igualmente com total apoio e mesmo o entusiasmo do primeiro-secretário Professor Luizinho e do segundo-secretário, deputado Conte Lopes que respaldaram amplamente a política.

Fica claro que a partir da decisão da Mesa Diretora, houve um cuidado da própria Assembleia Legislativa para a recuperação de sua memória que se estende para o estado.

A Assembleia sempre é uma grande vitrine para todo o estado e mesmo o Brasil. O deputado Tripoli logo percebeu a importância da documentação que estávamos levantando. As séries documentais são fantásticas, registram de forma muito particular, com detalhes, a história de São Paulo por quase duzentos anos. Toda a história do estado, dos órgãos públicos, da sociedade, de sua economia, da cultura, do lazer, a história do transporte, da iluminação, das cidades, ou seja, cerca de quinhentas mil páginas de documentos com as mais variadas informações sobre São Paulo.

Assim, meses antes da inauguração da exposição o deputado fez questão de abrir para a imprensa alguns conjuntos documentais marcantes para a história de São Paulo, como os orçamentos do estado, com séries completas, desde o início do Império até hoje, ou alguns documentos curiosos, o que os jornalistas chamam de "a cerejinha do bolo", caso da carta assinada por Santos Dumont, tratando do voo histórico de seu dirigível, de 1901.

O anúncio despertou grande interesse da imprensa: diversos jornais, rádios e TVs, até a Globo anunciou os achados. Quando a exposição foi inaugurada o interesse foi renovado e se ampliou, foram dezenas de matérias. A partir daí, prefeituras, câmaras, faculdades, bibliotecas, acervos, pesquisadores, jornalistas, estudantes e especialistas nos procuravam não só para pesquisar, mas para saber como estávamos organizando o Acervo. No final da gestão daquela Mesa ainda realizamos um encontro que contou com a participação de representantes de cerca de quinze assembleias, além de especialistas. O trabalho tornou-se referencial e ainda hoje, quando a nova mentalidade e o resgate dos acervos dos porões vão se generalizando, ele continua como um exemplo, em vários aspectos.

Então nós podemos entender que esses documentos compõem um acervo fundamental que mostra a relação da Casa com personagens da vida pública e a sociedade civil?

É bem por aí. A grande verdade é que temos um tesouro, formado por esse conjunto de documentos que estava aqui na Assembleia. Vou dar um exemplo, pois são raros os lugares que reúnem tantas informações sobre os índios que habitavam São Paulo nos últimos duzentos anos e no acervo são encontrados dezenas de dossiês sobre esses povos e seu destino. Mas ali também estão outras centenas de notícias sobre os imigrantes: italianos, suíços, alemães, americanos, russos, armênios, portugueses, de praticamente todas as nacionalidades que buscaram São Paulo no século 19 e início do século 20. Ao estudá-los podemos compreender qual foi o papel do Legislativo em nossa história, em cada período.

Do ponto de vista político, esses documentos retratam o cotidiano dos parlamentares com a vida da cidade. É isso que o cidadão encontra?

Naturalmente, na documentação do Acervo, a história da Assembleia e a elaboração das políticas públicas no Legislativo paulista estão detalhadamente relatadas, desde o Conselho Geral da Província de São Paulo, instalado em 1828. Como e porque cada lei foi criada, são informações que aparecem registradas de diferentes formas em petições, proposições, pareceres, debates, votações e outras séries de documentos. Podemos encontrar as leis e os debates sobre a criação de cada órgão público de âmbito estadual, suas políticas, recursos, além de importantes informações sobre as cidades do estado. Os arquitetos, por exemplo, dispõem de subsídios sobre a evolução urbana das vilas de São Paulo durante o Império.

Na época da Mesa do Tripoli, só a identificação e divulgação das séries documentais e dos dossiês já atraiu dezenas de pesquisadores. Nos anos seguintes, com o aprimoramento dos catálogos, a publicação de vários livros e revistas, exposições, e a digitalização da documentação histórica, centenas de pesquisadores passaram pelo Acervo em busca de informações, outras milhares de consultas foram realizadas por telefone, correspondências e e-mails. Com a disponibilização dos documentos pela internet, iniciada em março último, o número de pesquisas deu um grande salto, em pouco menos de quatro meses tivemos quase 600.000 acesso na página do Acervo no site da Assembleia, média de 5.000 acessos por dia.

Politicamente trata-se da plena democratização do acesso aos documentos históricos do Legislativo paulista, o cidadão pode consultar 350 mil páginas além de livros digitalizados e diversos bancos de dados, a hora que desejar, em sua casa. No plano mais geral estamos assistindo a uma grande revolução no acesso público à informação.

Quais são as vantagens que o próprio Parlamento tem em conhecer sua história e saber como ela evoluiu para a sociedade civil nos planos da política e das leis?

Conhecer a história do parlamento contribui para o aprimoramento da democracia, das instituições e da sociedade. A história nos permite pensar a sociedade atual de uma forma muito particular, dentro de sua evolução, a história é sempre reveladora.

Quando nos debruçamos sobre os quase duzentos anos de história da Assembleia vemos que ela muda sempre, a instituição muda constantemente. É o caso do Regimento Interno, que sofre pequenas alterações cotidianamente. Mas a Assembleia passa por mudanças estruturais, com alterações substanciais na forma de legislar, na sua representatividade, na sua interação com os órgãos públicos e a sociedade, e até a função legitimadora sofreu mudanças substanciais.

Em cada período histórico o Legislativo foi conceitualmente diferente. Nós aqui no Acervo trabalhamos com sete períodos: Conselho Provincial (1828/1834); Assembleia Legislativa Provincial (1834/1889); Congresso Legislativo de São Paulo (1891/1930); Assembleia Legislativa de São Paulo (1935/1937); Período Liberal (1947/1964); Período autoritário (1964/1988); e o período atual, aberto com a Constituinte de 1989.

Então, é fantástico conhecer como a Assembleia, o Legislativo evoluiu, sempre refletindo as transformações da sociedade.

Como é que se comportava a Assembleia Legislativa diante da ditadura militar e de outros momentos anormais?

Os documentos da Assembleia lançam luzes sobre diferentes aspectos da trama política. Uma boa referência é o livro "Os Nikkeis na Assembleia", você encontra parlamentares com ideologias e posições opostas, pode reconstruir, ano a ano as posições que situação e oposição assumiram nos diversos embates do período militar. Ali encontramos as denúncias sobre os desmandos do governo, o seu autoritarismo, as perseguições, em detalhes. Um caso marcante foi a introdução do chamado "decurso de prazo": as proposições apresentadas pelo governo tinham um prazo exíguo para serem votadas, caso não fossem apreciadas dentro dos prazos os projetos estavam aprovados! Bastava alguns deputados situacionistas bloquearem a votação e a proposição do governo passava!

Foi no final desse período, lutando pela redemocratização que o Tripoli, já tendo passado na Câmara paulista, se elegeu deputado estadual. Seu primeiro mandato também ficou marcado por uma nova temática que ganhava importância, o meio ambiente. O Tripoli foi um pioneiro na Assembleia na defesa do meio ambiente, questão hoje de primeira grandeza no mundo. Essa é outra característica que encontramos na história da Alesp, alguns projetos ou temas aparecem anos antes, às vezes décadas antes de entrarem para a ordem do dia!

Qual é a importância que existe para a comunidade, principalmente para o estudante, o acesso a um acervo desses? A seu ver, qual o maior benefício da montagem de historiografia tão rica como a da Assembleia?

Quem desejar se aprofundar no estudo da história de São Paulo vai encontrar importantes subsídios no Acervo da Alesp. São registros sobre a história do estado e de toda a sociedade de São Paulo de uma maneira muito específica. Podemos dizer que é "a versão do Legislativo sobre nossa história".

Além dessa carta de Santos Dumont, comentada pelo senhor, pode apontar outro documento curioso do acervo, entre milhares? O que lhe chama mais atenção como historiador?

Aproveito para destacar outra característica desse conjunto documental reunido pela Alesp. Ele registra como a língua portuguesa foi escrita em São Paulo nesses quase duzentos anos. Quem quiser estudar a evolução da gramática, das expressões, encontra documentos manuscritos, impressos ou datilografados. Entre os documentos curiosos lembro-me das Constituições do Estado de São Paulo com todos os dossiês produzidos nas Assembleias Constituintes, desde 1891. Tem uma série maravilhosa de mapas de ferrovias, que acabaram não sendo construídas, durante a República Velha. Mas creio que os destaques maiores são as séries, temos diversos documentos tratando da formação das cidades, limites municipais, estaduais.

O volume de documentos é grande. Estimamos que ao longo de sua história foram eleitos e exerceram parte do mandato cerca de 2100 deputados, que produziram pelo menos 150 mil discursos e dezenas de milhares de projetos, sobre os mais variados temas. Quase todos estão disponíveis no Acervo da Alesp.

O acesso a esta documentação concretiza a ideia da democratização da informação para documentos tão vitais?

Creio que a Assembleia esteja no caminho certo, primeiro reunimos, higienizamos, catalogamos, tombamos, embalamos e guardamos de forma adequada, depois passamos para o meio digital e agora estamos disponibilizando centenas de milhares de páginas, livros e catálogos pela internet. Entre os catálogos que podem ser encontrados eu destacaria a série de 134.000 ementas, descrições dos discursos realizados pelos deputados na Assembleia, a lista não é completa, mas você poderá localizar, por exemplo, as ementas de 180 discursos realizados pelo deputado Tripoli entre 1986 e 1996.

É uma revolução?

Não tenho a menor dúvida. Tornou-se corriqueiro o anúncio da disponibilização de milhares de documentos ou livros, por vezes os números vão à casa dos milhões de documentos primários disponibilizados aos cidadãos. Isso se deve ao fato de que a agenda modernizadora do Poder Público agora inclui a organização de seus acervos que passaram a ser vistos como muito valiosos, ou seja, a própria história passou a ser valorizada. O Judiciário paulista está digitalizando creio que algo em torno de 15 milhões de páginas de processos; o Arquivo do Estado anuncia a captura em meio eletrônico de dezenas de milhões de páginas, ainda temos os cartórios, as câmaras e prefeituras, diferentes órgãos públicos e até os cemitérios revolvem seus velhos registros. Esse fenômeno se verifica também no âmbito privado, com empresas passando todos os seus documentos para o meio digital, parte deles está disponível na internet.

Os jornais, como a Folha de S. Paulo, revistas como a Veja, e TVs caminham nessa direção. Os brasileiros têm que estar preparado pra lidar com essa nova realidade e com as imensas possibilidades que se abrem para a pesquisa. Não tenho dúvidas de que para se fazer uma boa pesquisa histórica sobre São Paulo hoje, é necessário passar pela bibliografia de referência, mas será igualmente importante consultar bancos primários de arquivos públicos como o da Assembleia ou dos jornais, revistas, bibliotecas, universidades, os sites, blogs e outros. As fontes primárias saltaram dos porões, e estão à disposição, através de um clic na internet, pra toda a sociedade. É até difícil imaginar todo o alcance desse processo. De fato, é uma revolução.

Então a decisão que os senhores tomaram em 1995, foi um exemplo que pode servir para que o Poder Público comece a disponibilizar pela internet a sua própria história?

No período nós vivíamos um descompasso, entre a modernização que a redemocratização proporcionada pelas constituições de 1988 e 1989 propunha e a realidade da máquina do estado, construída no período autoritário. Por outro lado, já surgiam os recursos da informática que, no entanto, eram ainda muito caros e sua introdução no serviço público engatinhava. Desde a década de 1980 com o avanço da redemocratização, começaram a surgir iniciativas modernizadoras na administração, no entanto, eram muito insipientes e caminhavam lentamente. Foi nesse contexto que começou a modernização da Assembleia que obteve grande visibilidade.

É importante destacar que todas as Mesas diretoras da Assembleia deixam suas marcas. A mesa presidida pelo Tripoli se caracterizou pelas profundas reformas que introduziu em importantes setores da Assembleia.

A última grande reforma administrativa ocorrida na Alesp fora em 1982, presidência do deputado Mantelli Neto. Em 1996, a Mesa Tripoli aprovou a Lei nº776 reestruturando toda a organização administrativa da Assembleia, introduzindo diversas novidades, como as atuais secretarias gerais, de Administração e Parlamentar, oito departamentos, como o de informática. Na época já existiam alguns computadores na Alesp, no entanto, o que se usava de forma generalizada ainda eram as velhas máquinas de escrever elétricas da Olivetti. Ainda no campo administrativo foi realizada a ISO 9002, que introduziu o princípio da Qualidade na administração da Assembleia.

Outro grande destaque daquela gestão foi a criação da TV do Legislativo, que deu novos rumos à comunicação da Assembleia. Novidade marcante foi a instalação do primeiro painel eletrônico, avanço importante no plano da transparência. A Mesa do biênio 1995/1996, modernizou a Assembleia.

Naquela época, com quem o senhor negociava as etapas de implantação do Acervo Histórico?

A própria composição político-partidária daquela Mesa era algo novo. Tradicionalmente a mesa executiva era composta por deputados integrantes de partidos aliados, mas ali estavam reunidos PSDB, PT e PPR, os dois primeiros se enfrentavam diariamente em plenário, o que não impediu que administrassem a Assembleia introduzindo diversas inovações estruturantes, que são marcantes ainda hoje.

Clóvis Volpi

"A Assembleia precisava ajudar a salvar São Paulo"

Clóvis Volpi é professor. Foi deputado estadual e presidente do PSDB paulista. Ex-deputado federal é o atual prefeito de Ribeirão Pires, em sua segunda gestão.

Em 1995 São Paulo viveu uma transição vigorosa. O senhor foi presidente estadual do PSDB e assumia a primeira vice-presidência da Assembleia Legislativa. Foi um momento político importante?

Tanto a eleição de Covas quanto a do Fernando Henrique Cardoso, representavam para a população, do meu ponto de vista, a expectativa de uma mudança ética na política, e principalmente no governo do Estado de São Paulo, extremamente desgastado pela gestão ou pelas gestões anteriores o que pedia austeridade que deveria imperar a partir dali. A eleição do Mario Covas representou isso, representou a ética, moralidade, conceito de austeridade, a recuperação econômica do estado. E essa foi a tônica da campanha, insistindo que haveria mudanças, mudanças que precisariam ser drásticas na forma de gestão dos recursos do dinheiro público. Enfim, de tudo aquilo que circunda o trabalho de um bom gestor público. Após esta eleição, nós, do PSDB, fizemos uma bancada, com grande número de deputados, do ponto de vista numérico comparando-se com o que tinha no passado, e de muitos deputados novos. Nós éramos aproximadamente uns treze deputados, todos novos, que tínhamos sido candidatos pelo envolvimento emocional e político do PSDB, envolvimento emocional e político das propostas do PSDB, Montoro, Covas, Fernando Henrique, Serra, Sérgio, e toda aquela grande cúpula que incutia na cabeça da gente as necessidades de mudanças nesse país, e em São Paulo.

Certamente esse desejo alcançaria o Legislativo paulista.

Perfeitamente. Nós pensávamos que seria possível também fazer uma mudança no Legislativo, porque, aparentemente, o Legislativo tinha sido extremamente conivente na gestão anterior com as ações de irresponsabilidade de gestão pública. É muito difícil você trabalhar e querer consertar alguma coisa no Executivo se você não tiver também no Legislativo um compartilhamento de ideias. Por causa disso, entre os novos deputados surgiu a ideia de que nós poderíamos indicar um nome para presidente da Assembleia. E, se fosse novo na política ou de primeiro mandato, pelo menos poderia inspirar confiança, inspirar os conceitos nos quais nós estávamos envolvidos e compreender as motivações que o governador queria nos oferecer. Bem, nós percorremos, junto com outros deputados, os gabinetes, visitamos deputados, fizemos reuniões e chegamos a conclusão que o ideal seria termos um deputado de segundo ou terceiro mandato, que pudesse nos representar na presidência.

Nós tínhamos lá poucos, que eram 4 ou 5 deputados que tinham sido reeleitos, a bancada do PSDB era muito pequena, os novos deputados passaram a ter um grupo muito fechado mas fizemos alguns debates com esses deputados que pleiteavam a possibilidade de presidir a Assembleia. Havia a deputada Célia Leão, um nome importante para presidir a Assembleia, além de outros nomes, mas o Tripoli era aquele que mais se identificava com o nosso noviciado na política dentro da Assembleia. O Ricardo Tripoli tinha todas as condições, pela simpatia, pelo jeito dado e pelas propostas que tinha e nos reunimos com os novos deputados para indicar este nome e caminharmos para fazer essa revolução administrativa que foi feita.

E como foi que se deu a articulação para definir o nome?

Clóvis Volpi

Bom, essa articulação aconteceu da seguinte maneira: primeiro, nós fizemos questionários que eram apresentados para os possíveis presidentes. No questionário, constavam indagações sobre as pretensões de cada um, os projetos, e como poderiam resolver todas as questões. Questionávamos as soluções para todas as questões que teríamos pela frente. O governo seria austero, será que nós poderíamos impor austeridade, modernidade, companheirismo de bancada dentro das propostas que nós estávamos pleiteando? Entre os antigos deputados estava também o Paulo Kobayashi, já falecido. Eram mais ou menos uns 4 ou 5 deputados mais antigos. Bem, esses debates eram conduzidos em cafés da manhã que nós fazíamos em hotéis para discutir tudo. Eram encontros muito sérios. Com os novos deputados as reuniões eram em almoços e cafés também, na tentativa de achar os caminhos, as respostas e a indicação de um nome.

O novo modelo de gestão do governo do estado, naquela situação, exigia então, um nome que pudesse ser parceiro em todas as transformações?

Nós tínhamos que ter um nome em quem colocássemos o peso do nosso voto dentro da bancada para ser indicado à presidência. Você imagina que os novos deputados e isso tem que ser revelado, nenhum deles, atrapalhou essa ideia de termos alguém aliado aos novos e aos novos princípios. Todos compartilharam a ideia de que deveria ser alguém que já estivera na Assembleia, porque haveria necessidade do conhecimento da tramitação das propostas, da rotina, enfim, de tudo aquilo que havia na rotina da Casa e mais poder ajustar-se à filosofia da nova administração do governador, uma novidade no Estado de São Paulo que deveria ser seguida. Foi muito importante a união e o entendimento de todos, nenhum dos deputados atrapalhou e, depois, muitos deles viraram presidentes da Assembleia, todos conduzidos de uma forma extremamente democrática e sempre a partir dessas discussões.

Consolidada as observações de programa, como foi a escolha? E vocês tinham que caminhar nas conversas para a formatação da Mesa Diretora.

O Tripoli foi o escolhido, não porque os outros não tivessem competência, mas reunia, além de tudo, da capacidade que os outros também tinham - além de todo esse conjunto de qualidades para as ações, comum a todos-, Tripoli possuía uma característica que cativava a todos, era a simpatia, ele era mais companheiro, mais carismático, e nós tínhamos uma identificação maior com ele. Com tudo isso, nós acabamos escolhendo o Tripoli para ser o nome do PSDB para presidir a Assembleia Legislativa. Então, feito isso, faltava aí a aliança para compor a Mesa, e nós já tínhamos a ideia, naquela época, de que mesmo você tendo pessoas do partido compondo a Mesa num momento extremamente difícil pelo qual o estado iria passar, não se poderia alijar do processo democrático, a composição heterogênea politicamente falando, da Mesa.

Foi importante esta visão, se buscou entre os partidos as pessoas que, embora com posições mais acintosas de oposição, de atitudes mais duras em relação aos conceitos ideológicos da nova política que defendíamos, mereciam nosso respeito, porque o respeito era muito importante. Nós conseguimos que a formação da Mesa se fizesse da extrema esquerda para a extrema direita, para que a gente pudesse aprender também a lidar com isso, com as diferenças, porque as batalhas seriam extremamente grandes, e a gente previa isso. Principalmente porque o Covas já tinha mostrado que queria austeridade no seu plano de governo, portanto, estava clara a dureza que seria compartilhar do governo dele. Confesso que, às vezes, nós até ficávamos chocados com tanta dureza que nós iríamos enfrentar, mas era preciso.

Houve uma demonstração do papel da Mesa para que a oposição compreendesse estas questões?

Houve, muita conversa com todos os objetivos. Aí fez-se a composição da Mesa, e eu exerci a função de primeiro vice-presidente e tudo isso me surpreendeu, porque, na realidade, talvez eu tenha sido um dos articuladores da eleição do Tripoli. É bom registrar para a história, que nós havíamos escolhido Milton Flavio, de Botucatu, para ser o primeiro vice-presidente. Houve uma conversa entre os novos deputados e com o próprio Tripoli de que o vice-presidente teria a missão de presidir grande parte das sessões da Assembleia, e isso exigia também prática no dia a dia. Eu tinha sido vereador e presidente de Câmara, com total disponibilidade e um pouco mais experiente na presidência, conhecia um pouco mais desse processo de gerenciar as questões dos deputados e das bancadas e o grupo me pediu para aceitar.

Depois de muita discussão, o grupo perguntou se eu não aceitaria. Foi constrangedor aquele momento porque eu havia, inclusive, indicado Milton Flavio, um deputado extremamente ideológico, vinculado aos conceitos do governador e aos novos conceitos, com vastos conhecimentos médicos, e uma experiência muito grande de vida profissional. Meus pares insistiram em minha indicação e disseram que iriam avisar ao Milton. Não aceitei isso, eu mesmo gostaria de falar com ele, explicar a situação, até porque eu havia feito a indicação e teria que ter essa conversa com o Milton Flavio.

Eu acabei procurando o Milton e não foi fácil. Até hoje ele me chama de Clovinho e me disse: "olha, Clovinho, o que for melhor para o grupo nós fazemos e aceitamos." Gostaria que o Milton fosse lembrado como uma pessoa que me permitiu crescer na política, porque se ele tivesse se oposto à ideia, uma vez que tinha sido pré-convidado, claro que eu teria retirado a minha candidatura, e isso seria uma dificuldade na composição da Mesa. Ia ter problema, porque o Tripoli é uma pessoa muito boa, mas ele era extremamente nervoso quando as coisas não aconteciam da maneira combinada, e esse temperamento dele nós descobrimos ao longo do tempo, quando tinham as grandes discussões e nós o tirávamos um pouquinho da Mesa, pois se inflamava muito, e eram momentos de se ter mais paciência ainda.

Muitas vezes a gente falava que ele precisava dar uma descansada no meio daquelas longas sessões: "olha, Tripoli, nós vamos para a Mesa e a gente conduz o resto da votação". Era próprio da personalidade dele, e eu estava ali, como o vice-presidente, surpreso, mas a postos. Foi uma experiência fantástica e eu acho que formamos, acabamos formando um belo grupo de amigos, e nós tínhamos propósitos políticos, mas, insisto, nós éramos todos grandes amigos e amigos também do governador. Nós não éramos políticos, somente, gozado isso, muito importante frisar, nós fomos durante o governo do Mario Covas, amigos do governador.

Ninguém fazia enfrentamento ao governador, nós estávamos envolvidos em um único objetivo, foi uma coisa fantástica. Governar São Paulo, tirar São Paulo do ostracismo, da bandalheira. Nós fomos amigos do Covas, e até hoje, pessoalmente, tenho um profundo respeito pelos conceitos que ele nos ensinou. A eleição para a Mesa foi muito tranquila e o Tripoli se pré-dispôs a cumprir e cumpriu com tudo aquilo que havia se comprometido com as bancadas. O momento não era mais de ser conivente através de benefícios particulares, partidários, era um momento de austeridade e todas as bancadas também nos ajudaram nestes pontos, a exercer esse mandato de dois anos à frente da Mesa diretora com muita disposição. É bom registrar que não havia necessidade de promessas que poderiam danificar a moral da gente, nunca houve isso nos nossos dois primeiros anos, nenhuma promessa absurda que, se cumprida, complicaria todo o processo. Nunca houve isso.

O próprio governador não exigia promessas incompatíveis com o clima que se vivia, é isso?

Covas não fazia trocas, ele concedia, desde que as coisas fossem dentro dos limites, ele sempre impôs limites, eu acho que política é feita com limites. Eu tive a felicidade de presidir o partido nesse período por indicação inclusive do Tripoli e a relação nossa era tão grande, que eu não estava nem na reunião em que eu fui indicado, havia a pretensão de outros deputados. Recordo muito bem que eu disputei internamente com Vaz de Lima, foi uma votação apertada, 12 a 11, e ganhei por um voto a indicação.

O Vanderlei Macris percorreu a Câmara Federal junto comigo pedindo votos para os deputados federais, para que votassem em mim. O Tripoli lançou a minha candidatura como presidente do PSDB sem eu estar na mesa. Por respeito por tudo aquilo que a gente tinha feito, um pelo outro, foi surpresa, e fiquei na disputa. Foi feito um bom trabalho lá, e o Tripoli sempre foi um bom amigo e conselheiro para mim. Sei que eu pude dar a ele a segurança que ele precisava, enquanto ele precisou de mim presidindo as sessões da Assembleia.

Naquela época, os serviços públicos estavam arrasados e a Assembleia Legislativa necessitava de um choque. Essas duas constatações inspiraram vocês na elaboração do projeto que mudou a cara da Assembleia Legislativa?

A gente caminhava junto com o Executivo, e se o Executivo estava tentando acertar, recuperando a economia, trabalhando na máquina que estava emperrada, com excesso de pessoal, com a crise do Baneser e uma série de criações existentes só para fazer política, com o estado sendo usado na gestão anterior somente para fazer política e sem nenhuma preocupação de se fazer gestão pública, com o Executivo cheio de concessões, nós tínhamos que fazer nossa parte no Legislativo, nós tínhamos que compartilhar aquela angústia e dar segurança para o governador fazer sua parte.

Olha, o que restava a Assembleia fazer, internamente, o Tripoli fez. Tentou e conseguiu dar uma característica empresarial na administração da Assembleia, conseguiu isso, sim, modificou uma série de coisas no Parlamento, ele foi ao limite das possibilidades e recursos da Assembleia, no limite das possibilidades que ele tinha e dos recursos disponíveis. Depois, evidentemente, outras ações foram feitas, mas ali, na era Tripoli, foi o início de tudo, onde se deu o início da importância da Assembleia. Vamos registrar que o Tripoli tinha essa filosofia, de caminhar junto e dizia: "precisamos compartilhar."

O governador não temia fazer tantas reformas drásticas com o apoio de uma Mesa que não tinha tanta experiência?

Foram os momentos mais difíceis que passamos, porque o governador Mario Covas, nesta modificação, nessa reviravolta na administração pública, precisava executar as medidas de privatização, eliminando tudo aquilo que representava prejuízo para a máquina estatal. Imagine você precisar de uma Assembleia com base totalmente nova, com pessoas novas, para lutar e privatizar a Eletropaulo, o Banespa? Aquilo tudo, naquele momento, era um inferno, era o caldeirão do diabo político, e o Tripoli democrático, sempre.

Todo mundo, toda a imprensa, podia colocar suas câmeras, podia colocar seus fotógrafos, todos os grupos podiam levar gente, todo mundo podia falar tudo naquelas horas intermináveis de discussões que mantínhamos em torno de determinado projeto, de determinado artigo da lei. Aquilo foi muito desgastante, muito cansativo, mas nós sabíamos, o Ricardo Tripoli sabia, a Mesa sabia - embora tivéssemos divergências sobre esses assuntos por conta dessa formação heterogênea do grupo e das lideranças -, que aquele era o caminho para o estado chegar aonde chegou.

Reafirmo que o Tripoli foi muito firme nisso, e eu acho que o governo do Estado de São Paulo deve muito ao Tripoli, pelo princípio da reviravolta política de 1995 e 1996 na Assembleia. Foi uma batalha gigantesca, coisa fantástica aquilo. Então, nós comprávamos as brigas do Executivo porque elas eram verdadeiras, nós suportávamos, a gente era da linha de frente, o governo queria resolver os problemas, mas os soldados que iam pra frente da batalha eram os deputados, com a pauta colocada e discutida com os líderes, pautas feitas com esse critério, procurando agilizar as transformações.

Os líderes foram aliados, não se pode reclamar daqueles líderes que, muitas vezes, se contrapunham na polêmica, dando contribuição clara para um raciocínio amplo das questões.

Dos projetos do Executivo enviados à Assembleia naquele ambiente político conturbado, o senhor lembra qual foi o que demandou esforços para ser aprovado?

Eu acho que foi o problema Banespa e a privatização do sistema elétrico. Foram os dois maiores. O Plano Estadual de Desestatização, que é o PED, já tinha passado com a contribuição de todas as lideranças, nós já tínhamos passado por outras experiências pesadas também. Com os dois projetos nós desenvolvemos mais a nossa capacidade intelectual para achar alternativas, para executar as determinações legais, e foi isso que, de certa forma, salvou o estado. A privatização do Banespa é que foi o mais chocante, porque o Sindicato dos Bancários era muito forte.

E o Banespa era uma instituição, a cara de São Paulo.

Exatamente. Foi muita coragem do Executivo e do Legislativo, muito mais do Legislativo, porque poderia ficar preocupado com as notícias negativas de sua posição e não ter feito nada. Mas, felizmente, foi em frente.

Sobrou algum exemplo positivo daquele tempo?

Eu vou te dizer sinceramente que eu investi nisso, acabei virando deputado federal e prefeito. Aqui na prefeitura de Ribeirão Pires, eu investi em tudo que eu aprendi estando na Assembleia, estando no governo com Mario Covas. O governador Mario Covas tinha o hábito de toda segunda-feira, reunir um grupo para, junto com ele, tomar algumas decisões. Deste grupo participavam umas 7 ou 8 pessoas, e o Tripoli era uma delas e eu, por ser presidente do partido também fui em muitas destas reuniões durante dois anos. Lá estavam o José Aníbal, o Nakano, responsável pela parte financeira e tudo girava em torno dos recursos existentes, Walter Feldman que era o líder do partido na Assembleia, o Robson Marinho, enfim, um grupo qualificado que passava a discutir alguns assuntos dos quais seriam porta-vozes, e a voz do governo se daria no partido através de mim, se daria na Assembleia através do Tripoli, e assim por diante.

Foi uma escola. Eu aprendi a governar Ribeirão Pires por ter passado aquele período na Assembleia Legislativa e participando do governo Covas. Foi muito bom.

Conte Lopes

"Houve uma inovação"

Conte Lopes, oficial da Polícia Militar do Estado de São Paulo, é formado em Direito pelas Faculdades Integradas de Guarulhos. Foi duas vezes promovido por bravura, e condecorado pela PM cinco vezes com a Láurea de Mérito Pessoal. Deputado estadual de 1986 a 2010 atuou na CPI do Crime Organizado, na CPI do Narcotráfico e fez parte da Mesa Diretora.

Em 1995 a Assembleia Legislativa acenou com uma revolução de caráter administrativo começando pela eleição da própria Mesa Diretora. O senhor era do PPR. Como avalia aquele momento?

Eu acho que houve realmente uma inovação, porque a Mesa Diretora da época criou muitas coisas. A presidência era do Ricardo Tripoli, com o Professor Luizinho e nós também. Nos 24 anos que eu passei na Assembleia, acredito que foi a primeira vez que houve uma disputa realmente acirrada para presidência, primeiro, e segundo secretários. Foi muita disputa, mas a presidência da Assembleia ficou com o Tripoli, foi feito um bonito trabalho de inovação e muitas outras modificações. A gente enxugou a folha de pagamento da Assembleia, medida muito útil, porque a Casa se tornou bastante enxuta.

Houve muita briga em torno da figura representada pelos procuradores que eram mais de cem e ficaram apenas três. Esse trabalho muito bonito, de tratar a máquina com austeridade respeitando o dinheiro público, teve muita importância. O Tripoli e nós, também criamos a TV Assembleia, e a televisão que nós colocamos lá, foi um avanço. Eu acredito que essa inovação foi importantíssima, com uma modificação muito grande na estrutura da Assembleia Legislativa do Estado de São Paulo.

Depois da articulação entre as bancadas, eleita a Mesa, houve muita dificuldade política para se negociar essas alterações?

Sim, porque, na verdade, o que aconteceu? Houve uma disputa política grande, então, quem perdeu ficou na oposição. Houve uma modificação nas conversas, porque havia um jogo de interesse. Foi muito difícil implantar essa modificação administrativa avançada, mas com o tempo nós fomos vencendo. Teve muita briga, muita briga na imprensa, as pessoas indo na Justiça, coisas do outro mundo.

Tinha gente que chegava lá na Assembleia e não trabalhava, tinha procurador que não trabalhava, que nunca tinha ido lá. Eu mesmo mandei fazer um levantamento, porque a pessoa não ia trabalhar na Casa alegando até síndrome do pânico, só que no escritório dela, estava todo dia. Síndrome de pânico era só na Assembleia, e ainda assim movia ações jurídicas.

Essas reformas que fizemos para o funcionamento da Assembleia valorizaram o salário de quem trabalhava, lógico, em detrimento daqueles que ganhavam sem trabalhar. Existia o domínio dos procuradores na Assembleia. Eles mesmos diziam: "o deputado, aqui, é passageiro, ele fica quatro anos ou dois anos na Mesa e depois vai embora. Quem manda aqui somos nós." Veja você! Então, realmente, travamos uma briga muito grande somente nessa questão. Foram batalhas fortes no plenário, nós fomos bastante criticados, mas tivemos peito e coragem para segurar o rojão sob o comando do Tripoli. Olha, realmente mudamos a Casa nesses dois anos.

O senhor, da oposição, foi para a Mesa com um programa transformador. Mesmo assim, vocês decidiram criar um diálogo franco com o governador Mario Covas que assumia

Conte Lopes

o estado com um déficit público gigantesco.

Veja bem, Fernando: a Assembleia, até pela própria colocação dos partidos, tinha o PT que era contra o PSDB, contra o governo Covas. Nós também, do PPR. Mas o que houve? O que houve é que optamos por uma união para apoiar o que era bom e positivo do governo, como foi apoiado, não é? É evidente a importância dessa união para que a Casa também funcionasse. Ficou assim: o que era bem feito pelo Mario Covas no governo, a gente apoiava e apoiava tudo que era bom para o Legislativo. A gente batalhou para melhorar a conversa lá na Assembleia, com o próprio Executivo. Então, existiu essa integração.

O PT era oposição ao Covas, nós também, mas naquele momento esquecemos isso, e o que interessou foi pensar no bem do povo de São Paulo. Ficou, então, essa somatória de projetos positivos para o Parlamento e para o governo do estado. Isso foi importante, porque nós não ficamos totalmente na dependência do Palácio, como acontecia com outras Mesas. A mudança de atitude, de comportamento, foi positiva, melhorou muito a Assembleia.

Passados quase duas décadas, o senhor acha que a sociedade atual é mais beneficiada com a Assembleia tendo outro perfil?

Perfeitamente, não tenho nenhuma dúvida. A criatividade daquela Mesa, comandada pelo Tripoli, era impressionante. Recordo do projeto de informática, da certificação ISSO 9002, da TV Assembleia como uma grande novidade e como benefício extraordinário, porque a população pode acompanhar através da televisão da Assembleia, inaugurada em nossa gestão, o trabalho dos deputados. Falo da TV porque, de fato, ela mostra abertamente a ação de todos e a representatividade que cada um tem na Casa Legislativa, além do enxugamento do dinheiro público que provocamos, devolvendo mais de 10 milhões para que outros projetos, até de outras Mesas, pudessem ser realizados. Tudo isso, hoje, esta servindo para a população de São Paulo.

José Merivaldo

"Foi uma guerra"

Jose Merivaldo Santos é Administrador de Empresas. Há 35 anos trabalha no serviço público. Supervisor de Informática da prefeitura de São Paulo ocupou várias funções na Assembleia Legislativa. Assessor Especial Parlamentar, presidente da Comissão de Licitações, coordenador do Programa de Qualidade ISO 9000, coordenador da implantação do painel eletrônico e votação eletrônica, membro do Grupo de Trabalho da Reforma Administrativa e coordenador de Informatização.

Em 1995, chegando à Assembleia Legislativa, o que o senhor encontrou do ponto de vista administrativo? Havia necessidade de fazer alterações na gestão da instituição?

O deputado Ricardo Tripoli era candidato a presidente e pediu que a gente fizesse um programa de governo. Foi a primeira vez que isso foi feito. Ele queria identificar as necessidades determinantes da mudança administrativa. Reunimos um grupo de profissionais e, de imediato, localizamos alguns problemas. Por exemplo, na época, a questão da informatização da Casa era crucial. Não havia nada de moderno. A votação demorava 90 minutos mais ou menos para ser feita.

Isso nos garantiu a certeza de que precisava se iniciar uma reforma administrativa, criar um sistema eletrônico de votação para agilizar o processo, informatizar a Assembleia e estabelecer um sistema de qualidade. Foram estas propostas que estavam dentro do programa que o deputado Tripoli encaminhou e ofereceu como soluções executivas caso fosse eleito presidente. E foi. Depois de eleito, começamos a procurar os caminhos para implantar as medidas que ele exigia.

A informatização da Assembleia foi essencial para o desenvolvimento da rotina de trabalho. Como aconteceu?

Posso garantir que o deputado Tripoli sempre teve uma visão moderna, uma visão avançada de gestão pública. Lembro-me que ele nos falou: "a Assembleia está atrasada, precisamos fazer alguma coisa, conseguir alternativas melhores, busquem soluções." Então, várias pessoas foram sendo agregadas a este propósito, deram sugestões para que se fizesse a modernização do Legislativo e, tanto é verdade, que, até hoje, 16 anos passados, é a mesma resolução que autorizou as transformações que vigora.

Na época, você tinha um diretor só, e o presidente criou vários departamentos, indo da televisão Legislativa até a informática. O presidente Ricardo Tripoli queria a modernização, e teve vontade política, tanto é que, depois, como secretário de Estado, ele também avançou em outras ações na gestão ambiental.

Um dos pontos que mais se discutiram concentrou-se no número de procuradores da Assembleia. Como se deu a revolução que terminou com a demissão de todos eles?

Na estrutura da Assembleia existia um órgão chamado GATE (Grupo de Assessoramento Técnico), que tinham 118 procuradores, mas não procuradores concursados, eram procuradores de cargo e comissão. Funcionava assim: a pessoa tinha que fazer um concurso para um determinado cargo, depois pegava um cargo de comissão de procurador da Assembleia, era fácil. Chegou-se ao absurdo de existirem 118 cargos de procurador na Assembleia. E eram eles que davam todos os pareceres legais e de funcionalidade, tanto na área administrativa como na parte legislativa. Eles eram o poder da Assembleia, detinha o poder.

Quando a gente chegou, logo no primeiro momento em que o Tripoli foi eleito, junto com a Mesa Diretora, percebemos que os documentos que eram

José Merivaldo

encaminhados para providências não voltavam nunca, porque os procuradores tinha a capacidade de não resolver as coisas, paralisavam tudo. Além do mais, eles davam o parecer sempre contra tudo que se queria fazer.

Eles tinham poder de veto com os pareceres que emitiam?

É, tinham. Quando se fazia um edital para realizar uma compra, criavam todas as dificuldades. Naquela época queríamos comprar computadores, objeto maior da reforma administrativa, para melhorar o relacionamento funcional da Casa, mas eles alegavam que o Windows não podia ser colocado no edital, veja você, mas não tinha outra alternativa, porque só existia o Windows, era o sistema exclusivo, e os procuradores não entediam o processo. Simplesmente davam o parecer negativo sem procurar maiores informações. A gente não tinha como viabilizar o processo. As decisões que foram tomadas pela Mesa Diretora, ousadas e fortes, foram para moralizar a situação. Primeiramente extinguir esses cargos, extinção total de 118 cargos de procuradores.

A medida gerou polêmica?

Pior. Isso virou uma guerra na Assembleia, nós fomos acusados e ameaçados. Foi uma revolução, porque a ordem da presidência era executar todas as medidas que permitissem implementar o projeto de modernização e economia. Quando eles viram que nós não voltaríamos atrás, mesmo com as possibilidades de enfrentamento, começaram a recuar um pouco, uns vieram nos procurar e começaram a tecer comentários favoráveis à proposta de uma nova gestão.

Posso afirma que fizeram isso devagarzinho, mesmo com má vontade explícita, resolveram dar alguns pareceres compatíveis com o processo de transformação, mas essa foi uma questão muito difícil mesmo de ser ultrapassada. Mas foi.

O fim desses 118 cargos, mais informatização, economia de papel e medidas de racionalização profissional, ocasionaram quanto de economia do dinheiro público?

Imagine que esses procuradores, somente para dar um exemplo, ganhavam uma media de vinte a trinta mil reais por mês. Eram 118 procuradores e você pode ver o valor que era isso aí. Com essas mediadas, nós chegamos a economizar 10 milhões de reais. O Tripoli devolveu ao orçamento estadual 10 milhões de reais por ano. Essa economia se perpetua até hoje, não foi naquele ano só, foi uma economia muito grande. Quase a metade do orçamento da Assembleia Legislativa.

Tudo isso contribuiu para confiança plena do governador Mário Covas, na Assembleia Legislativa?

Duas coisas que Tripoli pedia pra gente: agilidade e transparência. Primeiro fomos buscar estas soluções na parte administrativa. Na parte política já era outra questão, ligada diretamente ao sistema eletrônico de votação, porque, na votação manual, os deputados levavam 90 minutos para votar; na votação eletrônica 3 minutos, veja a diferença imensa. E com o jornal dentro do painel eletrônico informando as posições de cada um. Com essa providência, há 15, 16 anos atrás, a Assembleia ficava lotada, porque o público via transparência.

As pessoas já podiam saber que determinados deputados não queriam votar numa coisa que era de interesse coletivo, contra o que todo mundo queria. Então, essa transparência deu força para o deputado Tripoli. Tanto é verdade, que ele teve que enfrentar uma grande resistência, já que o Regimento Interno da Assembleia naquela ocasião, não previa votação eletrônica. O presidente Tripoli teve que enfrentar uma grande dificuldade com o painel instalado.

Os deputados contrários ao sistema de tanta transparência e visibilidade, iam pro palanque dizendo que ele tinha feito uma compra inadequada, que ele tinha feito isso e aquilo. Era uma campanha pesada contra o painel eletrônico. Mas ele chamou uma reunião com o Colégio de Líderes e convidou a imprensa dizendo que o Regimento Interno da Casa não previa e impedia a votação eletrônica, e que "se não mudarmos o Regimento, não vai poder ter votação com essa transparência."

Na verdade, ele enfrentou uma luta grande para mudar o Regimento Interno e instituir a legalização imediata da votação eletrônica. Felizmente foi feita a alteração e aprovado o sistema eletrônico de votação. Foi isso que aconteceu.

O senhor foi um dos coordenadores operacionais das mudanças. Como via a integração dos partidos de oposição compondo uma Mesa que tinha a missão de impor processos avançados?

Foi uma estratégia muito importante, muito positiva, porque o Tripoli conseguiu uma coisa inédita na época que foi compor com o PT. O PT nunca tinha feito parte da Mesa Diretora. Então o PT veio, lógico que com as propostas do partido também, e o Tripoli conseguiu que partidos diferentes, de oposição, tivessem participação direta nos objetivos comuns, no mesmo objetivo, ou seja, a modernização do Poder Legislativo independente das posições políticas de plenário.

Nós discutíamos internamente as propostas, tudo era discutido e votado, e a Mesa Diretora tomava a decisão. Claro que foi um processo difícil no começo, mas com o passar do tempo, foi se conhecendo melhor o todo do projeto e um deputado apoiava porque sabia o que o outro queria. Dessa forma, democrática, conseguimos avançar e realizar.

A informatização da Assembleia Legislativa foi extremamente curiosa. Vocês determinaram a aposentadoria compulsória de 1.500 máquinas datilográficas. Quais foram os benefícios práticos sentidos naquele momento com essa troca?

É bom lembrar uma primeira questão: quando chegamos aqui na Casa só havia 1 ou 2 computadores, não tinha nem rede elétrica apropriada para ligar computador. Quando o Tripoli tomou a decisão de informatizar, tomamos conhecimento que a Assembleia já tinha sido objeto de uma tentativa de informatização, que não deu certo porque compraram equipamento inadequado.

Nós tivemos que começar do zero. Compramos computadores, tivemos que fazer uma rede especial para ligar esses computadores, que passava por fora da Assembleia, uma rede manual, digamos assim, porque aqui não tinha estrutura nem cabeamento elétrico e nem rede lógica, não existia nada neste sentido. Fizemos uma rede lógica na mão.

No momento em que a informatização começou a dar os seus passos avançados, começou a funcionar, também começaram a cair os arquivos ambulantes existentes na instituição, dominando as informações.

Por favor, explique isso um pouco melhor. Como eles atuavam?

Na total ausência de informatização e de ferramentas novas, tudo era feito na base da ficha, com máquina de escrever. Os arquivos, todos, eram em fichas, tudo tinha ficha. O funcionário que manipulava aquelas fichas, que possuía as chaves dos arquivos, achava que as informações lhe pertenciam, ele tinha o poder de informação, controlava o acesso da maneira que melhor lhe interessava. Se o funcionário não viesse em uma manhã qualquer trabalhar, aquela informação não estava disponibilizada para ninguém, porque ele tinha o controle dos arquivos. E se ele tirasse férias também, acontecia a mesma coisa. Era assim que funcionava.

Nosso objetivo, imediato, era colocar essas informações dentro do sistema do computador e disponibilizar em rede pra todo mundo, essa foi a primeira questão. Acabamos com os arquivos ambulantes, e a pessoa, da súbita importância que tinha – muitas vezes ela não fazia nada, só controlava o arquivo -, na hora em que colocamos os computadores em funcionamento, nas mesas, e em rede, a informação era coletiva, todo mundo tinha acesso àquela informação.

Eliminamos aqueles arquivos ambulantes. E tem outra coisa importante, essencial na informatização, a questão da economia de papel. Na Assembleia Legislativa, em geral, se consumia muito papel, você tinha que tirar xerox para os Projetos de Lei que iam ser votados para cada deputado, e isso era um custo imenso. Com a rede de informatização, do gabinete o parlamentar já sabia a pauta que ia votar, e tirava cópia se ele quisesse, e isso economizou muito recurso também.

A informatização acarretou a preocupação com a qualificação profissional dos funcionários. Como vocês trataram no organograma, os cargos, as carreiras internas, os salários e uma nova necessidade de mão de obra?

Para nossa sorte, essa também foi uma preocupação do Tripoli logo no início. Nós sabíamos que era importante fazer uma qualificação profissional para o uso desses novos equipamentos. Era década de 90, a coisa era muito nova ainda, não se tinha uma cultura de informática. Tivemos que fazer a contratação de empresas de treinamento que vieram para a Assembleia e capacitaram todos os funcionários, qualquer funcionário podia usar os equipamentos.

O grande exemplo está nos dias de hoje, porque na Assembleia, como é no mundo, ninguém fica sem computador. A segunda questão, emergente, era fazer uma qualificação melhor para os funcionários e como a gente ia economizar dinheiro, nós qualificamos as pessoas dando um salário mais adequado com a criação de novos cargos, realização de concursos, deixando de nomear, simplesmente, acabando com os cargos em comissão.

Foi o primeiro concurso público feito na Assembleia em 20 anos, um grande sucesso, porque o salário ficou mais adequado e já tinha equipamento para se trabalhar bem. Foi uma medida que ajudou a todos e avançou bastante.

Um dos tripés dessa reforma estava na conquista do certificado ISO 9002. Foi a primeira Assembleia Legislativa do país a ter essa certificação e a se preocupar com os seus procedimentos. Quais foram as vantagens?

O sistema de qualidade que foi proposto na época, era para certificar a Assembleia na ISO 9002, na questão da qualidade do serviço administrativo; era preciso criar todos os critérios de todo o processo legislativo e de todo processo administrativo, documentar tudo, quem era responsável pelos setores, qual a tarefa que executavam, qual o tempo que demandava. O sistema de qualidade configurava em saber exatamente qual era o processo no conjunto, os órgãos conversando entre si, trocando informação, e nós fomos certificados através do entrosamento do sistema.

Tanto é que o próprio Sistema Parlamentar - SPL (Sistema de Processo Legislativo) foi certificado porque o deputado não precisava ir mais ao departamento procurar um livro, ele tinha tudo à disposição, ele sabia qual o órgão responsável e pedia via computador, protocolava através do sistema, e o sistema de qualidade mostrava todas as medidas que foram tomadas, além de sermos o primeiro Legislativo do Brasil a ser certificado e o processo aconteceu através da empresa Germain Scher Lloyd. Depois disso, como consequência boa, o modelo do nosso painel e a ISO começaram a ser implantados Brasil a fora.

Passados 16 anos, o que se perenizou na Assembleia Legislativa?

As medidas que instituíram a Reforma Administrativa, determinando todas as tarefas e procedimentos. Continua vigente, é a lei que regulamenta as transformações do projeto Tripoli na Assembleia, assinada por aquela Mesa Diretora. Você vê que já se foram 16 anos e o sistema não se alterou. É óbvio que um dia isso vai ter que ser alterado, mas o painel continua, só foi modernizado, os computadores foram modernizados, os sistemas foram modernizados, porém a questão do conceito continua o mesmo, o conceito não mudou, mudou a tecnologia, mudaram algumas coisas que vieram depois, mas o conceito de modernidade permanece intacto.

Quando essa equipe chegou, a Casa era administrada de cima para baixo, um diretor Geral no comando de tudo. Não se comprava um copo d'água sem anuência dele. Esse tabu quebrado trouxe a democratização das ações e a agilidade nos trâmites. Resolveu?

Claro que resolveu. Havia um diretor Geral, e o corpo da Assembleia tinha uma 'escadinha' para se chegar ao famigerado carimbaço, com umas 10 escadas, cada uma mandava num negócio, numa área, num setor. Emperrava tudo. Então, se alguém precisasse comprar um copo e o dono da escada dava uma ordem contra, o funcionário subia 15 degraus até o diretor Geral que autorizava; aí descia 15 degraus para comprar. Tudo demorava muito. Alteramos o quadro: com uma secretaria Geral de Administração e uma secretaria Geral Parlamentar, acabamos com a figura do diretor geral e criamos dois secretários; um, cuidava da parte parlamentar, da pauta da mesa, das votações, das comissões, da parte legislativa dos deputados.

O secretário Geral de Administração cuidava da parte administrativa, isso é, da manutenção, da compra de equipamentos, e o gerenciamento das ocorrências da rotina funcional. A reforma quebrou aquele nível hierárquico complicado, ficando apenas dois departamentos que foram criados e tinham verba própria para trabalhar. Este foi um dos maiores ganhos na gestão administrativa da Assembleia, dando responsabilidade para os de baixo, oferecendo oportunidade de aprendizado para todos. Os resultados dos benefícios e dos avanços estão ai, para todos nós aproveitarmos.

José Osvaldo Cidin Válio

"O Executivo e o Legislativo se respeitavam muito"

José Osvaldo é advogado. Exerceu o cargo de assessor técnico Legislativo-Procurador, (dezembro/1975 a abril/1997), com as funções de assessor técnico de gabinete e chefe de Gabinete de Membros da Mesa Diretora da ALESP, de lideranças partidárias e da secretaria – diretoria Geral, bem como o de secretário diretor Geral e secretário Geral de Administração no período de março de 1995 a abril de 1997, quando se aposentou. Chefe de Gabinete da secretaria de Estado do Meio Ambiente, da secretaria da Casa Civil do governador, da CETESB – Companhia Ambiental do Estado de São Paulo e da Fundação Memorial da América Latina, no período de 2000 até o presente. Atividades no magistério: FECAP – Fundação Escola de Comércio Álvares Penteado (agosto/1977 a fevereiro/1980); cadeira de Direito Usual, do curso de Secretariado; Universidade Brás Cubas (fevereiro/1979 a maio/1986); Faculdade de Ciências Jurídicas e

Sociais – matérias ministradas: Teoria Geral do Estado, Direito Constitucional e Direito Administrativo.

A avaliação do senhor sobre a Assembleia tem a experiência de mais de 30 anos convivendo com o processo Legislativo. Naquele momento, em 1995, quais eram as necessidades mais urgentes que o Parlamento paulista precisava suprir?

Sem dúvida nenhuma a administração do presidente Ricardo Tripoli na Assembleia é um marco: temos a Assembleia antes, e a Assembleia depois dessa gestão. Principalmente porque ele teve a ousadia e a responsabilidade de, definitivamente, implantar a informatização da Assembleia Legislativa. Apesar das dificuldades de recursos financeiros ele levou aquilo a sério, avante, fez toda a implantação da questão logística com amplas mudanças, com uma nova parte física, para conseguir elaborar junto com técnicos da entidade e poucos de fora, o programa de informatização.

Conseguiu adquirir um pouco mais de 200 equipamentos de informática, com micros e impressoras que foram distribuídos em todos os gabinetes, enfim, este foi um ponto muito positivo da administração do Ricardo Tripoli. E outro ponto importantíssimo foi ele ter conseguido fazer uma reforma administrativa ampla, criando duas secretarias gerais - a Administrativa e a Parlamentar -, com uma subdivisão que até ali, era uma coisa só, com a figura do diretor Geral.

Paralelamente a esta mudança, também concretizou uma belíssima estruturação do quadro de pessoal, prestigiando a parte técnica, a obtenção de resultados pelo trabalho de funcionários que praticamente continua até hoje, com a mesma característica, nos mesmos moldes.

Conhecendo bem aquele mecanismo, pode enumerar as vantagens mais visíveis que a divisão administrativa ofereceu imediatamente?

Isso permitiu que houvesse uma especialização do quadro de funcionários para uma área de administração e para uma área político-parlamentar. Considero muito importante, e é preciso acrescentar e frisar sempre, que na administração do Ricardo Tripoli, com as mudanças introduzidas por ele, a Assembleia Legislativa voltou-se para o exterior, conseguiu através dos resultados junto à imprensa e todos os caminhos de informação, fazer com que a população de São Paulo afluísse mais ao Poder Legislativo. Porque essa divisão administrativa entre a parte parlamentar e a parte administrativa, permitiu que a Assembleia oferecesse mais transparência às

José Osvaldo Cidin Válio

suas ações. Juntamente a essa modificação, há de se ressaltar o bom trabalho, o resultado positivo que a TV Legislativa introduzida naquele poder, como obra daquela administração, e que até hoje tem resultados muito positivos, dando oportunidade para que a população saiba do trabalho efetivo que é desempenhado pelos parlamentares que integram aquela Casa.

O senhor estava junto à elaboração das reformas. Como observou o diálogo entre os poderes Executivo e Legislativo?

Posso afirmar, com toda certeza, que a parceria e o respeito entre essas duas autoridades, representando os dois poderes do estado, sempre houve, e isso possibilitou que a Assembleia, sem prejuízo do seu normal funcionamento, pudesse desempenhar tudo aquilo que a comunidade e a coletividade paulista exigiam de seus governantes. Houve uma cooperação integral entre Legislativo e Executivo através do Tripoli, presidente da Casa Legislativa e o governador Covas, chefe do Executivo.

A Assembleia, compreendendo as dificuldades financeiras do tesouro estadual, reduziu substancialmente seus gastos e, em especial, no primeiro ano de gestão Ricardo Tripoli, em 1995, acumulou uma economia, se não me falha a memória, em torno de valores da época de mais ou menos 10 milhões de reais, o que representava um percentual muito significativo do total do orçamento destinado para a Assembleia. Esta redução nos gastos do Parlamento, é bom que se esclareça, não inviabilizou o início das medidas e das mudanças administrativas e técnicas de informatização, porque priorizou-se essas áreas, e elas foram caminhando, mesmo com essa economia gigantesca em prol do Estado de São Paulo.

Logo depois das mudanças, o senhor foi o primeiro secretario Geral de Administração. Como viu as novas atribuições?

Esta divisão da atividade administrativa e da atividade parlamentar, evidentemente permitiu que o secretário Geral da Administração, cargo que tive a honra de ser o primeiro ocupante, pudesse se dedicar mais às questões administrativas, mesmo. Essa divisão foi muito positiva para o bom trabalho da Assembleia, e creio eu que hoje isto tem tido muitos resultados positivos, são mantidas praticamente as mesmas divisões, sem grandes alterações, apenas com ocorrência de pequenos reajustes. Foram mudanças importantes para todos nós.

José Serra

"Covas deixou uma herança bendita"

José Serra foi presidente da União Nacional dos Estudantes – UNE entre 1963 e 1964, ano em que o golpe militar forçou-o a buscar exílio no exterior. Viveu no Chile e nos Estados Unidos, onde fez seu doutorado em economia pela Universidade de Cornell. No Brasil, Serra tinha estudado engenharia, na Escola Politécnica da Universidade de São Paulo. De volta ao país depois de quatorze anos, foi professor da UNICAMP e pesquisador do Cebrap. Em 1983, foi nomeado secretário de Economia e Planejamento do Governo Franco Montoro, em São Paulo. No ano seguinte, chefiou a Comissão do Programa de Governo do candidato presidencial Tancredo Neves. Em 1986, elegeu-se deputado federal Constituinte, tendo sido o relator da Comissão do Sistema Tributário, Orçamento e Finanças. Em 1990 elegeu-se novamente deputado federal, tendo sido líder do PSDB na Câmara. Em 1995 foi eleito Senador por São Paulo. Foi ministro do Planejamento entre 1995 e 1996 e ministro da Saúde entre 1998 e2002. Foi candidato a presidente da República em

2002, tendo perdido no segundo turno. Em 2004, José Serra elegeu-se prefeito de São Paulo, e em 2006 foi eleito governador do estado no primeiro turno. Em 2010, candidatou-se novamente à presidência, tendo obtido 44 milhões de votos no segundo turno das eleições.

O PSDB assumiu o comando do país em 1995 com o presidente Fernando Henrique Cardoso. O senhor fez parte do governo como ministro do Planejamento. Começou aí uma possível nova plataforma de desenvolvimento para o Brasil?

A eleição do Fernando Henrique inegavelmente marcou uma nova etapa no desenvolvimento e na vida política brasileira e o fator mais evidente direcionado a esse respeito foi a estabilização da economia depois de 15 anos de superinflação. O Fernando Henrique foi eleito como presidente em grande medida em razão do sucesso do Plano Real cujas bases ele havia lançado como ministro da Fazenda, mas os seus primeiros anos na presidência foram essenciais para consolidar essa estabilização e ao mesmo tempo para promover uma modernização do estado brasileiro, um enxugamento das atividades do estado empresarial, fundamentalmente, e o fortalecimento da rede de proteção social no nosso país, inaugurando, inclusive, políticas novas em áreas essenciais como educação e saúde.

Este enxugamento da atividade empresarial do estado envolveu privatização de muitas áreas, como foi o caso da eletricidade, como foi o de telecomunicações, o setor em que a privatização foi mais bem sucedida, siderurgia, petroquímica, enfim, um enxugamento completo, transferindo para a esfera privada atividades que no mundo inteiro, em geral, são típicas do setor privado, e ao mesmo tempo arrecadando recursos para abatimento da dívida pública do Brasil.

É certo que ela cresceu naquela época, mas teria crescido muito mais se não fosse contrabalançada pelas receitas da privatização. O governo Fernando Henrique abriu caminho para a estabilidade, abriu caminho para o enxugamento da ação empresarial do estado e para o fortalecimento da sua ação de procedimento estatal no que se refere às políticas sociais.

No mesmo instante, Mario Covas também assumia o governo do Estado de São Paulo, recebendo uma herança cheia de pendências graves. As fórmulas e a determinação do governador Covas para resolver os problemas encontrados criaram a receita de longevidade do PSDB em São Paulo?

Em São Paulo o governo do estado encontrou seu grande parceiro que foi o Mario Covas, e aqui recebeu uma situação econômica e financeira bastante

José Serra

precária e foi capaz de vencer esse tremendo obstáculo que se antepunha a uma gestão bem sucedida no estado e impôs padrões de austeridade fiscal e de prioridades nos investimentos, que abriram caminho para que o PSDB permanecesse durante 16 anos no poder, caminhando agora para os 20 a partir do novo governo do Geraldo Alckmin.

Eu mesmo quando assumi aqui o governo de São Paulo, colhi os benefícios como governador daquela política fiscal e financeira responsável, inaugurada pelo Covas, e aprofundada pelo Geraldo Alckmin. Isso foi possível por causa do que foi deixado.

A nossa gestão, inclusive, foi muito bem sucedida financeiramente, do ponto de vista financeiro do estado em relação aos investimentos, quando nós quadruplicamos em dólares, quando medidos em dólares, os investimentos no estado, mas a base disso foi a herança dessa bendita gestão, no que se refere aos padrões de gestão e administração financeira dos governos Covas e Alckmin.

Os aspectos administrativos que o governador Covas teria que contornar eram extremamente sombrios. Ele procurou respaldo na Assembleia Legislativa. O respeito entre os dois poderes e a colaboração política para encontrar rumos para a governabilidade paulista, inaugurado por Covas e Tripoli, tiveram um papel de importância global em todo processo?

Olha, um terceiro aspecto fundamental, é que a principal privatização feita no Brasil na época foi realizada em São Paulo, pois o estado empresarial paulista era gigantesco e o Mario Covas enfrentou tudo isso muito mais diretamente e, talvez, em certas circunstancias, num trabalho mais difícil do que o próprio trabalho federal, porque a oposição a essas mudanças é muito mais direta para um governo do estado, o governo está muito mais próximo das corporações envolvidas num processo como este, e algumas se opunham ao processo.

Mas isto foi feito de maneira muito bem feita por Covas que teve uma colaboração imensa da Assembleia Legislativa com o Tripoli à frente, e essa reforma em São Paulo não teria acontecido se não fosse a colaboração da Assembleia onde o PSDB não era maioria, mas teve o Ricardo Tripoli à frente, um político preparado do ponto de vista do conhecimento e hábil do ponto de vista político. Nesse sentido ele foi o grande parceiro institucional do Covas, porque colocou e soube colocar um dos poderes do estado, além do Executivo, colaborando para esse projeto, cooperando, porque tudo teve que ser aprovado na Assembleia.

José da Silva Guedes

"A Assembleia Legislativa ajudou a salvar a Saúde em São Paulo"

José da Silva Guedes nasceu em 09/02/1936 na cidade de São Paulo no bairro do Belém. Formou-se médico em 1961 pela USP, na 44ª turma. Sanitarista desde 1963 pela Faculdade de Saúde Pública e médico do Hospital Emilio Ribas -1962. Desde 1971 é professor pleno do Departamento de Medicina Social da Faculdade de Ciências Médicas da Santa Casa de São Paulo. Doutor em Saúde Pública (1973) – Faculdade de Saúde Pública. Secretário municipal da Saúde da Prefeitura do Município de São Paulo de 1983 a 1985, na gestão do prefeito Mario Covas. Foi presidente do INAMPS na gestão do ministro Adib Jatene – 1992. Secretário Estadual da Saúde – 1995-2002, gestão do Governador Mario Covas. Consultor do Programa Agita São Paulo/Agita Mundo. Atualmente preside a Fundação Butantan.

O senhor compôs o secretariado Mario Covas na pasta da Saúde. Antes disso, quero falar um pouco de como o

senhor começou a se relacionar com o governador. Essa experiência vinha desde a prefeitura?

Exatamente. Veja que em 1982, foi auspiciosamente eleito o governador Franco Montoro, e naquele momento não havia eleição direta para prefeito das capitais. Era o governador que indicava o nome do prefeito para que a Assembleia aprovasse o candidato. Isso só aconteceu após a posse do Montoro, e no primeiro momento Covas foi nomeado pelo Montoro como secretario de Transportes e essa ia ser a grande tarefa dele, mas, em seguida, o governador o indica para prefeito da capital e ele é aprovado. É interessante observar que no primeiro momento todos nós, secretários municipais, fomos indicados não pelo Covas, fomos indicados praticamente por Montoro ou pelo time que estava organizando o governo Montoro.

Pra gente, que éramos da área da saúde, isso era uma novidade, porque, pela primeira vez, nós teríamos no governo do estado e no governo do município, um mesmo partido, e para nossa área, o fato era visto como algo muito importante.

O João Yunes foi indicado secretário estadual da Saúde e eu secretário municipal quando o Covas assume, já é praticamente maio, e Montoro tomou posse em 15 de março. Portanto, o Covas tomou posse e já encontrou um secretariado montado e foi em reuniões do secretariado que a gente passou a conhecer a forma de proceder, a forma de trabalhar do político Mario Covas. Posso dizer que uma das coisas mais fortes era a postura dele, de sempre discutir até o infinito as coisas enquanto elas não estivessem muito claras.

Os relatos dizem que Mário Covas esmiuçava tudo à exaustão.

Olha, era assim mesmo. As reuniões do secretariado duravam, às vezes, 10 horas ou mais, porque ele queria o detalhamento e fazia questão de ouvir os secretários, inclusive os que não fossem da área do assunto que estivesse sendo discutido. Mario queria ouvir todo mundo, queria a contribuição de todo mundo. Naquele momento, aquela atitude é que permitiu a vários de nós identificação política com ele. Uma identidade até mesmo filosófica, e eu, por exemplo, me identifiquei muito com o governador e desenvolvemos uma grande amizade nesse tempo.

Outra coisa relevante, séria, era a postura dele de ir à população, era isso que Covas fazia com mais agrado e com muita frequência. No governo municipal, as sextas feiras à tarde, o expediente já era ou realizado na periferia da cidade, ou eram grupos da comunidade que eram recebidos no Ibirapuera

José da Silva Guedes

por ele. O sábado inteiro era passado percorrendo pontos da cidade, junto à população, fazendo mutirões, e o domingo de manhã também.

Era uma coisa surpreendente e muito boa para aqueles que tinham a postura de ouvir a população e de tentar atender, ao máximo, os reclamos e os anseios do povo. Isso foi tão importante, que eu nunca tinha votado em Mario Covas, nunca o tinha conhecido anteriormente, mas esse batismo de trabalho na prefeitura mudou tudo. Eu acho que para o Tripoli a coisa deve ter sido meio parecida, porque o Tripoli já tinha uma vida política iniciada, já era vereador naquele momento, e, certamente, tinha mais convivência com Covas.

Um detalhe determinante e inquestionável do Mario Covas era a vontade de cumprir a lei, a vontade de ouvir as manifestações das várias instâncias de governo, porque o Covas não gostava de governar por decretos, ele gostava de trabalhar tendo leis para as ações. Isso ficou muito patente, muito claro pra gente já na prefeitura, depois, mais tarde, no governo do estado quando assumiu em janeiro de 1995 e encontrou um estado falido, defendia os mesmos princípios.

Como é que o senhor olhou o mapa da saúde de São Paulo naquele momento?

A gente trabalhava na área há bastante tempo, eu conheci os projetos de saúde em nível do município, depois, quando o Covas foi governador, fomos executar uma parte desses projetos. Acompanhamos o que foi feito no governo do Quércia, quando havia aquela disposição do governador Quércia de eleger o seu sucessor. É famosa uma frase dele, onde dizia que seria capaz de eleger até um poste, então, por que não faria de Fleury seu sucessor?

Uma das situações que repercutiram muito no governo Covas e em todo governo do estado, foi o comportamento na área da saúde no governo Quércia e no governo Fleury, com projetos com fins bastante eleitorais. Em um único ano, eles colocaram em construção 12 hospitais, sabendo que não teriam dinheiro para terminar esses hospitais. O governo do Quércia iniciou as obras de 12 hospitais, e a finalidade disso era conseguir uma eleição para governador, e eles tiveram sucesso. O Fleury foi eleito, só que nos 4 anos de mandato do Fleury, eles não conseguiram terminar nenhum hospital que haviam começado, não tinham recursos.

Ai entra o Covas para o governo, encontrando 18 esqueletos de hospitais paralisados, alguns com 70% da obra já realizada, outros com 20%, alguns apenas a terraplenagem havia sido feita, e um dos propósitos do Covas e do time da saúde, insistia que nós precisávamos terminar aquelas obras, porque os locais onde os hospitais estavam sendo feitos, precisavam deles, eram hospitais necessários naquelas regiões, e por isso era fundamental terminá-los. Tanto isso era importante, que na campanha eleitoral o Covas pregava cinco itens que destacava como propostas para a área da Saúde, e uma delas era a implantação do SUS. Nós tínhamos que apoiar as Santas Casas, fundamentais para o atendimento pelo SUS.

Covas queria transformar a secretaria de Saúde para assumir as novas tarefas que decorreriam da existência do SUS. Ele queria medicamentos para a população que era uma das prioridades. Um dos itens da campanha pedia que nenhuma obra fosse começada enquanto não terminasse todas as obras paradas. Eu me lembro que, quando a gente foi preparar o programa de campanha, havia uma série de itens que o pessoal da Saúde tinha elencado, e o Covas disse: "olha, vocês não entendem nada de política, não tem que falar todas essas coisas, que ninguém vai guardar, ninguém vai entender, vamos falar apenas de cinco coisas e não mais que cinco."

E foram cinco pontos que ele elencou e, repito, o ponto forte era que nenhuma obra seria iniciada sem a conclusão das demais, e isso era a palavra de ordem. A situação financeira do estado era precária, e logo na primeira semana de governo, Covas reuniu toda a equipe no centro de educação de uma das nossas empresas de energia para passar dois dias fazendo um planejamento estratégico. Tinha lá um colega dele da Poli, que era engenheiro e encarregado de comandar o processo de planejamento, e ele disse ao Covas: "senhor governador, eu queria saber qual é a grande tarefa que o senhor acha que esse estado vai ter que cumprir para que a gente comece a discutir o planejamento estratégico", e o Covas, então, fez um discurso dizendo que o estado estava falido e foi categórico: "não há como fazer coisa nenhuma, então nós vamos, durante dois anos, proceder um imenso ajuste financeiro e, terminado essa ajuste financeiro, nós vamos começar a produzir coisas, por enquanto nós vamos cortar, nós vamos diminuir, nós vamos combater coisas erradas que estão acontecendo, mas não esperem estar realizando um governo brilhante nos próximos dois anos."

Houve uma gritaria dos secretários que estavam lá reunidos para elaborar o planejamento estratégico. Eu mesmo fui um dos que reagiram. Eu interpelei o governador, dizendo: nós viemos aqui para colocar em prática uma promessa que a gente fez para a população, nós tínhamos obras para concluir, nós tínhamos que mudar, que fazer, e ele reagiu: "não adianta, ou a gente faz um ajuste financeiro realmente sério e pesado ou vocês não vão ter dinheiro para fazer nada, então, se em dois anos a gente conseguir uma correção importante, vocês vão ter mais dois anos para mostrar para que vocês vieram, qual é a capacidade que vocês têm."

Era uma marca dele, do Covas, porque tinha uma noção muito clara de qual era a situação de São Paulo, qual era a situação das diferentes áreas e, especialmente, qual era o processo que ele queria que se desenvolvesse para sanear as finanças do estado.

Iniciaram-se os procedimentos de cortes. Foi doloroso?

Muito complicado. Daí pra frente, a gente foi cortando coisas. Recordo que no gabinete do secretário de Saúde foram cortadas 400 linhas telefônicas, algumas delas nós descobrimos que nunca tinham sido usadas, e se pagava a conta. Outro exagero era de cópias xerox. A duras penas e com muito sofrimento, Covas apresentou um sistema de demissão voluntária, havia uma quantidade grande de funcionários, e não dava para pagar todo mundo. Covas determinou: "vamos propor que eles recebam um prêmio para a demissão", e um número muito grande de gente saiu.

Outro ingrediente, outra marca trágica naquele momento, se chamava Baneser. O Baneser era uma agência, um programa do Banco do Estado, que tinha servido para fazer inúmeras contratações inadequadas em outros governos, sem concurso e tudo mais. Então o Covas disse: "vamos acabar com Baneser", isso foi logo em 1995.

Foi assim, essa dureza, em 95, 96, 97, mas felizmente em 1998 a gente começou a entregar os hospitais e com um aspecto importante, pois nós concluímos que dava para terminar os cerca de 18 hospitais, não nos dois anos que restavam, mas que a gente colocaria em obra todos eles, tentando construir 18 hospitais com aproximadamente 250 leitos cada um. Havia um problema sério, que era o financeiro, a equipe precisava saber quanto aquilo custaria, pois os equipamentos modernos que eles deveriam ter, eram realmente bastante caros. E de onde viriam os funcionários para por em operação esses 18 hospitais? Olha que seriam 18 hospitais tendo em média 1.400 funcionários cada um, daria alguma coisa em torno de 30.000 mil funcionários que deveriam ser selecionados e contratados.

Chegamos à conclusão que deveríamos imaginar para aquele momento, outro modelo de administração. Aplicamos mais um dos cinco itens do programa Covas de Saúde, ou seja, apoiar as Santas Casas. Essa medida traduzia, em primeiro lugar, que ele sabia a importância delas para o SUS e, por outro lado, tinha respeito pela administração das Santas Casas.

E qual foi o caminho encontrado para alocar recursos humanos adequados nos hospitais?

Achamos que, eventualmente, as Santas Casas, as entidades filantrópicas, poderiam assumir hospitais públicos, então, eu teria um hospital construído pelo estado, equipado pelo estado, e em seguida o estado custearia o seu funcionamento, mas a entidade filantrópica contrataria gente para trabalhar pela CLT, montaria os equipamentos, faria as compras, etc. Para que isto acontecesse, precisávamos que houvesse uma Lei Federal, e naquele tempo era o Fernando Henrique que estava em Brasília, presidente, e o Bresser-Pereira estava à frente do ministério da Administração Federal e Reforma do Estado.

E o foi criada a lei federal que nos serviu de base para que pudesse existir uma lei estadual permitindo que o hospital público pudesse ser entregue para administração da iniciativa privada. Mais uma vez a gente viu a crença do Covas nas leis. Alguns juristas foram chamados para aconselhar sobre o governador. Uma corrente deles dizia que o Covas poderia governar com uma série de decretos e, com isso, nós resolveríamos o problema; uma outra linha de juristas dizia: o senhor está tratando de uma coisa que é muito séria, que é muito importante para o estado e nós achamos que isso deveria ser feito através de uma lei.

Mas ela reagia: "por mais trabalho que se possa ter na Assembleia é importante que a oposição discuta e, eventualmente, contribua para o aprimoramento da Lei." Foi feito exatamente isso, um projeto que foi encaminhado para a Assembleia, e naquele momento nós tivemos o PT e o PC do B absolutamente contra o projeto. Acusavam o projeto de privatização da Saúde e outras tantas coisas, e esta lei, que foi aprovada, precisava ter um quórum de dois terços dos deputados e conseguimos.

O entendimento que a Assembleia teve da urgência para a solução do problema foi fundamental?

No momento em que se encaminha para a Assembleia Legislativa um projeto de lei visando uma saída legal para saúde, que passou a ser chamada Lei das Organizações Sociais de Saúde, era fundamental o espírito da nossa Assembleia, nós tínhamos uma história de desenvolvimento na Assembleia, uma história importante que, eu diria, foi enfatizada, foi priorizada pelo Tripoli, e os sucessores dele mantiveram esse tipo de preocupação com a análise, a discussão, o aprofundamento das propostas do estado, e a trabalhar com a oposição, permitindo discutir com ela, amplamente, e não boicotando o trabalho que pudesse ser executado pelos deputados.

Nós realizamos três audiências públicas com o plenário e a Assembleia totalmente tomados, discutindo. Uma das lideranças que nos ajudaram nesse momento de aprovação da Lei das Organizações Sociais de Saúde, embora já não fosse mais o presidente da Assembleia, foi o Ricardo Tripoli, ajudando o nosso japonês Paulo Kobayashi, então presidente, que comandava aquela votação com o apoio do Tripoli.

Eu quero fazer esta ressalva, dar ênfase a este ponto: quando alguém achava, ou quando um grupo de juristas achava que não precisava da Assembleia, porque com decretos do governo se conseguiria realizar o mesmo intento, Covas era taxativo: "não, isto é muito importante, isto é muito forte e é preciso respeitar a população e os deputados". E isto aconteceu com o projeto que encaminhamos para a Assembleia prevendo que um percentual dos leitos dos novos hospitais, pudesse ser utilizado para atender pessoas portadoras de convênio de saúde. A discussão que ocorreu na Assembleia caminhava para que a gente pudesse ter uma aprovação completa.

Porém, ficou muito forte a discussão sobre a tese de que se estes hospitais deveriam atender o SUS fundamentalmente, não deveriam reservar uma cota de leitos para atender planos privados de saúde. E isso começou a perturbar, turvar a discussão que se fazia em torno da proposta, e o Covas, então, disse: "não, este é o desejo que se expressa na Assembleia", e todos nós consideramos que aquela discussão permitiu aperfeiçoar um projeto que enviamos para aquela Casa.

Em janeiro de 1995, a situação do estado era periclitante, realmente dramática, tão dramática que o funcionário público que costuma receber seus vencimentos até o quinto dia útil do mês, naquele janeiro era impossível pagar a totalidade dos funcionários. Covas, então, separou aqueles que ganhavam até mil reais, e esses foram pagos em um dia determinado, e os outros foram sendo pagos à medida que foi entrando dinheiro em caixa.

É bom relembrar que o caos era tanto, que ainda nessa primeira semana de governo o José Afonso da Silva que era o secretário de Segurança, veio mostrar para nós e para o governador, que ele estava sem dinheiro da gasolina para operar a força policial. Foi terrível. Aquele estado de coisas foi objeto fundamental da formatação do plano estratégico de governo.

Contabilizei uma série de cortes, a secretaria da Saúde sofreu uma grande alteração de estrutura, de organização, pois tinha 63 escritórios regionais, porém, com o advento do SUS, a secretaria não administraria mais centros de saúde que ficavam esparramados por todos os municípios. A nossa tarefa de dirigir diretamente a Saúde com tantos escritórios, era reduzida naquele momento. Organizamos 24 diretorias regionais, e geramos uma economia de 800 cargos de confiança.

Uma atitude dessa era muita séria em matéria de governo, principalmente porque Covas acabara de ganhar a eleição, com vários partidos apoiando, uma demanda muito grande de grandes colaboradores da eleição que costumam ser contemplados com cargos. Mas ele não teve dúvidas e mandou a secretaria da Saúde extinguir 800 cargos.

Ações desse tipo geravam uma economia importante, além de servirem de exemplo de austeridade, tanto que esta alteração de estrutura saiu no Diário Oficial nos primeiros dias de governo, para que a gente não recebesse pressão dos interessados em manter a estrutura antiga. Isso tinha que ser rapidamente demostrado. E foi.

Havia reciprocidade entre o Executivo e Legislativo. O respeito era o tom?

Nós estávamos vivendo em 1995, nós já éramos PSDB, a trajetória desse grupo político que trabalhou junto com o Mario Covas começa em 1983, quando ainda fazíamos parte do PMDB e as disputas e diferenças ideológicas que existiam no partido fizeram aparecer o PSDB. Quando chegamos ao governo do estado em 95, quando Covas chegou ao governo, o PSDB construiu um trabalho que virou uma tradição de seriedade extremamente importante dentro do Executivo.

E também se refletiu a mesma seriedade, agilidade de trabalho e criatividade no Legislativo, no momento que o Tripoli assume a presidência da Assembleia. Na sequência, nós vamos ter o Kobayashi e o Feldman, que entra em seguida. Eu acho que nós vivemos um período muito produtivo que deu um exemplo importante para a Nação. A conduta da Assembleia quando nós discutíamos leis e a gerência da administração, para mim traduzia duas coisas: um, o respeito do governo pelo Poder Legislativo e, dois, a seriedade do Poder Legislativo respondendo ao que o governo acenava.

Marcos Arbaitman

"A grande sorte de São Paulo foi o apoio da Assembleia Legislativa"

É empresário, presidente da Maringá Turismo, Central de Eventos e Lemontech. Presidente do Conselho Deliberativo da AMEM – Associação dos Amigos do Menor pelo Esporte Maior, foi secretário estadual de Esportes e Turismo no governo Mario Covas e Geraldo Alckmin. Conselheiro do MAM – Museu de Arte Moderna, também é membro do "Board of the Directors" do Metropolitan Opera House de New York. Presidente da Associação Brasileira "A Hebraica" de São Paulo, presidente da ACESC – Associação de Clubes Esportivos e Sócio Culturais de São Paulo, é presidente dos Patronos do Theatro Municipal de São Paulo.

O senhor foi amigo do governador Mario Covas e trabalhou com ele. Qual a maior lição que tirou dessa convivência?

Primeiro é a ligação de amizade o que ele colocava com o maior respeito entre todos os 22 secretários, tanto que todos são amigos ate hoje. Mesmo depois de tanto tempo, continuamos amigos. Então a lição primeira é a de unidade do time que ele conseguiu montar. A segunda lição está na tenacidade e na força de trabalho de pegar um estado quebrado para administrar e, é claro, que com a Assembleia Legislativa na época presidida pelo Ricardo Tripoli, os dois puderam salvar o estado, privatizando empresas absolutamente quebradas. A terceira lição, que eu gostaria de muito de comentar, é sobre uma questão que deveria ser normal, mas não é: Mario Covas nos ensinou que é possível ser servidor público sem roubar, é possível ser servidor público pelo prazer de servir.

O meu salário era de R$ 4.542,00 como secretário, durante os seis anos do Mario, e depois melhorou um pouquinho com o Geraldo, foi para R$ 5.500,00. Não tinha nada mais do que isso. E eu, o tempo todo, pedindo pra ele me deixar voltar pra minha empresa, ou não ir conseguir manter minha família. O Mario ensinou lealdade, seriedade, correção, ele não precisava ensinar honestidade porque não tinha nenhum secretário que não fosse honesto. Chegou até a ter um na equipe que não reza pela cartilha, o Mario descobriu em dois meses e mandou ele embora e nunca mais essa pessoa apareceu em mais nada, e olha que era um deputado. Estas foram as varias lições que todos nós, secretários, tomamos de Mario Covas.

Quais foram os momentos mais delicados daquela gestão que o senhor presenciou, principalmente com relação à desestatização das energéticas?

Houve um episódio na Bolsa de Valores, e a secretaria de Esporte e Turismo é ali ao lado da bolsa, do encontro do governador e as pessoas que o acompanhavam - nós íamos lá, na Bolsa, com o Nakano, o Angarita -, para acompanhar o ato da privatização da Eletropaulo que entrava naquele momento com suas ações no mercado. Estávamos cercados por 10 ou 12 mil pessoas que eram contra. Eram funcionários, outros e militantes políticos que atiraram pedras e cadeiras nas costas do governador. Ele não teve dúvidas e resolveu entrar de frente, abrindo a frente.

Eu me lembro que estava presente o presidente da Assembleia Legislativa, o Ricardo Tripoli, e nós tivemos que segurar o governador, porque ele queria se defender e nem podia fazer isso. Imagina a imprensa tirando foto dele reagindo a alguém que estava atirando uma pedra nele? E isso aconteceu na porta do Caetano de Campos, quando esse mesmo pessoal que vinha da região do ABC se postou na frente da secretaria da Educação, não

Marcos Arbaitman

querendo deixar entrar os professores e educadores da secretaria. E houve tudo aquilo. O resumo é que foram momentos maravilhosos, inesquecíveis na vida, termos convivido com um homem dessa têmpera, e a gente vê hoje a falta que ele nos faz.

O governador Mario Covas respeitava os poderes constituídos. No caso da Assembleia o relacionamento era mais afinado.

Foi a grande sorte de São Paulo, do Estado de São Paulo, que ao assumir o governo que estava literalmente quebrado, devendo 76 bilhões de dólares na época, e sem recurso para pagar a folha de pagamento, esse governo, que assumiu em janeiro e não tinha dinheiro para pagar para os funcionários no dia 5, teve o apoio da Assembleia Legislativa que tinha os mesmos ideais, as mesmas formas de agir.

O presidente que tinha assumido a Assembleia, Ricardo Tripoli, teve a inteligência e a sagacidade de reunir os diversos movimentos e partidos da Assembleia para manter uma maioria em que as ideias dele combinavam com as ideias do Governador. Eram as ideias é de seriedade, de correção, com o objetivo de salvar o estado, e se os projetos não fossem aprovados pela Assembleia Legislativa, não adiantaria nada nenhum esforço do governador e nem de todo o governo, tanto que, logo depois da presidência da Assembleia, o Mario Covas não teve dúvidas em chamar o Ricardo Tripoli para ser seu secretario do Meio Ambiente e o resultado esta ai, se vê até hoje, é só você olhar as marginais do rio Pinheiros e ver, por exemplo, os jardins que foram plantados.

Marcos Mendonça

"Não podíamos sucumbir"

Marcos Mendonça foi fundador do PSDB, tendo exercido a vereança em São Paulo de 1983 a 1994. Assumiu a presidência da Câmara Municipal em 1985/86. Foi suplente do senador Mario Covas, tendo assumido o mandato de senador no segundo semestre de 1989. Foi eleito deputado estadual em 1995, quando foi convidado pelo governador Mario Covas para assumir o cargo de secretário da Cultura, onde permaneceu até o ano de 2002. Em sua gestão transformou a antiga Estação Júlio Prestes na Sala São Paulo e, ainda, transformou o prédio da Pinacoteca em museu. Em junho de 2004 assume a presidência da TV Cultura, instituição que administra até o ano de 2007.

Em 1995 o senhor começou a fazer parte da equipe de governo de Mario Covas. Olhando a situação cultural do estado, estava muito complicado?

Põe complicado nisso. A situação era dramática, eu me lembro até hoje do primeiro mês do governo. O governo não conseguiu pagar a folha de pagamento, o governador teve que estabelecer critérios de pagar parcelado ao funcionalismo público, tal era a situação de falta de recursos. Não tinha, sequer, dinheiro para colocar gasolina nos carros da polícia, nem para comprar medicamentos, não existia nada, nada, nada. O estado estava numa situação absolutamente falimentar, e diante de uma situação dessas, tudo se complica, mas, felizmente, nós tínhamos um líder do peso e da dimensão do Covas que soube encontrar caminhos para enfrentar essa situação.

O caso da cultura era grave?

No caso da cultura a situação era da mesma ordem dramática, agravada por uma circunstância, ou seja, a secretaria da Cultura basicamente funcionava com servidores que eram contratados na época por uma instituição chamada Baneser, cujas contratações foram declaradas ilegais. Então, todos os contratos e todas as pessoas que tinham vínculo através do Baneser com o estado, no caso da secretaria da Cultura, por exemplo, tiveram seus contratos rescindidos. Vivemos uma situação na secretaria da Cultura em que 85% dos funcionários que trabalhavam tiveram os contratos finalizados, sobram 15% e, desses, 9% eram funcionários advindos de outras áreas do governo, comissionados na secretaria da Cultura.

E uma das medidas que o Covas adotou, logo de início no governo, é que cada funcionário retornasse a sua unidade de origem. O que ocorreu, e a secretaria ficou com 6% de seu contingente, o que, na realidade, eram funcionários, na sua grande maioria, operacionais, como motoristas, atendentes, enfim, não existia uma estrutura que permitisse que se pudesse dar andamento normal às demandas da área cultural. De um lado havia uma situação dramática financeira, sem recurso, do outro lado, nós tínhamos uma situação insustentável, por falta de recursos humanos.

O senhor acha que esta plataforma devastada, sem iniciativa e sem projetos era resultado de uma visão que não privilegiava a Cultura no Estado de São Paulo?

Na realidade o que eu entendo é o seguinte: você tinha um processo que vinha se dando cumulativamente diante de carência de recursos globais para área da cultura, e essa carência de recursos gerou uma situação onde a secretaria ficou absolutamente desprovida de recursos financeiros e desprovida de recursos humanos. A partir daí, nós tivemos que, praticamente, reinventar uma secretaria. Nós começamos do zero, e muito mais na base do entusiasmo, da paixão pela questão cultural, de dedicação, dentro de um espírito que passava por todos os setores do governo, que era a certeza de

Marcos Mendonça

que nós precisávamos vencer aquelas dificuldades, nós não poderíamos nos render e sucumbir diante daquilo.

São Paulo precisava encontrar caminhos e, com essa tenacidade, garra e determinação do Covas, é que conseguimos superar e começarmos a desenvolver projetos com outras raízes e projetos que tinham envolvimento com a população, projetos que efetivamente geraram uma nova situação para a questão cultural de São Paulo e que estão presentes até hoje, que mudaram a vida cultural do estado. Hoje, São Paulo tem uma atividade cultural absolutamente diferenciada do que havia antes do Covas, exatamente em função de projetos muito fortes que foram feitos, e projetos que nasceram mostrando como enfrentar dificuldades.

A Orquestra Sinfônica do Estado estava desorganizada, São Paulo não tinha uma grande sala de espetáculos. Como vocês criaram a Sala São Paulo?

É verdade que nós encontramos uma situação extremamente difícil, o estado não possuía uma orquestra que tivesse condições de se apresentar com dignidade e isso gerava o desconforto de uma orquestra que vivia em uma situação absolutamente entregue a circunstâncias muito difíceis, uma orquestra que não tinha uma sede para se apresentar regularmente, uma orquestra cujos salários dos músicos obrigavam esses músicos a terem outras atividades, eles não podiam se dedicar exclusivamente à Orquestra Sinfônica.

São Paulo vivia uma situação muito difícil, não só nessa área, mas, por exemplo, na área museológica, com a Pinacoteca do Estado, que seria o grande museu de São Paulo, num prédio de mais de 100 anos que precisava de uma reforma urgente, era um prédio que tinha uma dificuldade enorme de exercer suas atividades. Então, nós precisávamos trabalhar não só na área museológica, na área de música, na área de oficina, enfim, acionamos uma quantidade enorme de projetos que passmos a desenvolver naquela oportunidade.

De início, eram projetos para chamar a atenção da população de São Paulo, acho que isso foi um divisor de águas. A secretaria estava em uma situação precária, sem nenhum recurso, numa situação absolutamente complicada, e o primeiro passo, foi exatamente uma exposição que nós trouxemos para São Paulo que marcou muito, que é a exposição do Rodin. Essa exposição marcou muito porque foi feita com muito esmero, com cuidado, com tratamento especial, provocando uma repercussão popular inacreditável, nunca vista em São Paulo. A gente via horas e horas de filas intermináveis com as pessoas querendo conhecer as obras do Rodin no prédio da Pinacoteca.

A Pinacoteca, local absolutamente desconhecido até aquele momento, passou a ser destaque. As pessoas começaram a saber que ali, naquele prédio, que muitas vezes se passava em frente sem se saber o que era, já funcionava um polo de atração de São Paulo e do Brasil.

A partir daí, nós conseguimos chamar a atenção das pessoas para aquele cenário, e iniciamos todo um trabalho de captação de recursos. O governo do estado, com muita dificuldade, conseguiu algum recurso, conseguimos sensibilizar a iniciativa privada, sensibilizar o governo federal para executar a primeira grande obra, vamos dizer assim, do governo Covas na área cultural, a reforma da Pinacoteca do Estado.

Qual foi a alternativa se o governador tinha mandado parar as obras?

Acho necessário um parênteses aqui, já que a gente está lembrando um pouco a história da secretaria da Cultura. Quando o Covas assumiu a situação era tão ruim, que ele assinou um ato determinando que todas as obras do estado estavam suspensas. Todos os contratos feitos com fornecedores de obras e tudo mais, suspensos, iam ser revistos, e nós íamos estabelecer as prioridades.

Lembro de outra história importante. Tínhamos um prédio onde estava o Arquivo do Estado, caindo aos pedaços, uma situação triste, e era aqui na rua Dona Antônia de Queiroz. Esse era o Arquivo do Estado que guardava o acervo do Estado de São Paulo, a história de São Paulo estava lá. Com um detalhe: o prédio era um antigo galpão, antiga fábrica.

Eu assumi a secretaria numa época complicada, entre janeiro, fevereiro começo da época de chuvas fortes em São Paulo, entrava água nas dependências do Arquivo, havia risco de incêndio, porque todas as fiações não tinham tratamento adequado nem manutenção, enfim, um panorama inimaginável, e eu levei ao Covas mais essa grande preocupação.

E o Covas ficou tão sensibilizado com essa questão, tão preocupado com isso, que a primeira obra que ele autorizou, no meio de tudo aquilo, foi a construção do novo Arquivo do Estado de São Paulo, construído ali em frente à rodoviária, um prédio maravilhoso, fantástico. Foi realmente a primeira obra feita, tal era a preocupação do Covas com a nossa história, com a nossa memória. Com a liberação dessa obra pelo governador, salvamos o Arquivo. Mas, em paralelo, tinha a questão da Pinacoteca, importantíssima, origem da revitalização do chamado centro velho de São Paulo. A partir desse ponto, nós iniciamos o trabalho com uma série de grandes realizações.

Estava aberta a possibilidade para a criação da Sala São Paulo?

Felizmente, e uma dessas obras, a mais visível, a maior delas foi exatamente a Sala São Paulo, transformação que fizemos na antiga Estação Júlio Prestes. Nós entendíamos a necessidade de ter uma sede para a Orquestra Sinfônica do Estado de São Paulo se nós quiséssemos, efetivamente, ter a questão da música erudita, de uma música clássica absolutamente valorizada.

Imaginávamos ter esta condição como uma vertente cultural importante em São Paulo e neste país, nós precisávamos ter um local para que a música clássica pudesse ser executada. É como o futebol, que você precisa de um estádio para que os times possam se apresentar com dignidade. A música clássica necessitava de uma sala de concertos em São Paulo, que não existia. Nós vislumbramos a Sala São Paulo naquele prédio antigo.

Essa possibilidade de transformar aquele espaço em nossa sala de concertos foi extraordinária e, de novo, de imediato, o Mario Covas abraçou a ideia, deu todo apoio para que isso pudesse ser feito, apesar de todas as dificuldades financeiras que o estado tinha. Naquele momento, o orçamento médio da secretaria da Cultura do Estado de São Paulo, em moeda atualizada, era 10 vezes menos do que é hoje, 10 vezes menor. Mas o que aconteceu é que esse espírito empreendedor, essa gana de vencer dificuldades que todos nós tínhamos, garantiu que a gente fizesse essa verdadeira revolução na área cultural.

A Pinacoteca e a Sala São Paulo são dois grandes exemplos disso. Paralelamente, nós entendíamos que não adianta nada você ter um prédio maravilhoso se não tiver uma operação adequada, uma ocupação para esse prédio. O que iria ocorrer se não tivéssemos uma orquestra de nível para ocupar essa sala? Ela viraria um grande bufê em São Paulo, um grande salão de festas, mas não um espaço cultural, seria um local bonito, as pessoas iriam lá uma vez e não teriam mais motivação para voltar. A Sala São Paulo poderia virar um lugar qualquer, como tantos outros imóveis preservados, que não tiveram ocupação digna e qualificada e, por causa disso, voltaram a se deteriorar e muitos deles nem existem mais.

Era preciso fortalecer uma estratégia de ocupação permanente e mais voltada para o cotidiano de atrações culturais da cidade.

Perfeitamente. Por causa disso, nós iniciamos a construção da sala e de montagem de uma orquestra com todas as características de padrão internacional. Esse foi um projeto extremamente importante, que deu a São Paulo uma orquestra de nível mundial e hoje a Sala São Paulo é uma referência, um ponto de orgulho dos paulistas, dos brasileiros.

Agora temos uma orquestra que se apresenta de quinta a domingo com casa lotada, tem uma quantidade enorme de assinaturas vendidas para a Sala. Ou seja, nós instituímos um projeto que nem se pensava que pudesse existir no Brasil, em 96 e 97. Nós inauguramos a Sala São Paulo em 99, e já no ano seguinte estávamos vendendo assinaturas, as pessoas compravam assinaturas para toda uma programação feita com antecedência de um ano, coisa que jamais se viu em São Paulo, ou seja, nós saímos de uma dificuldade extrema para colocarmos a Cultura em outro patamar, elevado, e já no final da gestão do Covas, iniciamos o restauro do prédio ao lado da Sala São Paulo abrigo do antigo Dops.

Erguemos aí um espaço cultural maravilhoso e iniciamos o esforço de recuperação da Estação da Luz, transformada no Museu da Língua Portuguesa, tudo planejado dentro de um plano de recuperação, via ação cultural, daquela região, e conseguimos transformar aquele pedaço em grande polo cultural da cidade.

O senhor foi deputado estadual e presidente da Fundação Padre Anchieta. Quando o deputado Ricardo Tripoli assumiu a presidência da Assembleia Legislativa, criou a mídia da Casa. De forma pioneira, implantou a TV Legislativa. O contrato operacional foi com a TV Cultura. Qual é a sua reflexão sobre uma conquista dessa importância para o estado?

Foi fundamental para a Assembleia, para o exercício do mandato Legislativo, para a democracia. Muito importante, porque quanto mais visibilidade e transparência, quanto mais você puder possibilitar a difusão do que o Parlamento está fazendo, quanto mais você permitir o acesso da população à ação parlamentar, mais você vai ter credibilidade, mais você vai ter fiscalização sobre a ação dos deputados, mais você vai ter possibilidades de ter uma ação direta entre população e a Casa de leis.

Eu acho que o Tripoli conseguiu instituir um veículo fantástico, porque a televisão está presente na casa de todos, e este canal permite que todos tenham acesso indiscriminado, a tudo que se faz na instituição. A televisão é um veículo que, efetivamente, as pessoas gostam e apreciam e esse casamento da Assembleia Legislativa com a televisão própria, é um casamento absolutamente eficiente, e não tenho dúvidas de que foi uma solução muito inteligente do Tripoli ao caminhar nessa direção.

O esforço do governo Covas permitiu um avanço do PSDB em São Paulo?

Eu não tenho dúvida nenhuma, porque a realidade mostrou que o PSDB tinha condições de enfrentar dificuldades enormes e superar essas dificuldades e mostrar que, além de superar essas dificuldades, tinha projeto para mostrar para a sociedade. Essa questão foi crucial para que o PSDB tivesse toda essa longevidade no poder no Estado de São Paulo.

Isso quer dizer que o exemplo que o Covas deu, e todos são testemunhas de que a situação era dramática, mostra a competência e a capacidade dele e das pessoas que o cercavam em sua equipe de governo. E ficou evidente ao longo das realizações conseguidas, que a Assembleia Legislativa era uma instituição vital para o governo, para São Paulo, e o Tripoli teve um papel extremamente importante nessa configuração histórica.

Maurilio Maldonado

"Uma procuradoria para os novos tempos"

Maurilio Maldonado é advogado, procurador (por sete anos procurador-chefe) da Assembleia Legislativa do Estado de São Paulo - ALESP. Cursou Geografia na USP (não concluído), é formado em Direito pela PUC-SP, pós-graduado em Governo e Poder Legislativo pela UNESP. Foi aluno da Escola de Governo dirigida por Fábio Konder Comparato. Foi diretor-presidente do Instituto do Legislativo Paulista – ILP da ALESP, hoje exercendo a função de diretor executivo. Foi conselheiro do ConPAZ - Conselho Parlamentar pela Cultura de Paz da ALESP e membro de sua comissão executiva. É professor de Ciência Política e Teoria Geral do Estado, Direitos Humanos e Direito Constitucional da Unianhanguera e palestrante em universidades, escolas, institutos e fundações na área de Educação para a Cidadania e Teoria do Estado e Ciência Política.

Como procurador da Assembleia, como o senhor analisa as ações realizadas a partir de 1995, no sentido de criar-se uma procuradoria específica para o Parlamento?

Eu entrei na Assembleia em 1989: são 22 anos aqui. Sendo assim, gozo de uma visão privilegiada do processo de mudanças introduzido pela Mesa Tripoli, Luizinho e Conte Lopes, uma vez que me encontro na Casa muito antes de ter sido aprovado no concurso de procurador. O processo de reformulação pelo qual a Assembleia passou envolveu a criação de sua procuradoria, que, embora prevista na Constituição de 1989 do Estado de São Paulo, nunca tinha saído do papel. A efetivação aconteceu no bojo da Reforma Administrativa levada a cabo pela Mesa presidida pelo deputado Tripoli.

Até então, nós tínhamos, na verdade, três órgãos jurídicos na Assembleia, compostos por bacharéis nomeados pela Mesa em cargos em comissão de livre provimento. Eram cerca de 120 cargos que atuavam em várias áreas, inclusive não jurídicas. Havia na Casa um grupo de servidores efetivos muito capacitados ocupando alguns desses cargos, no entanto, em número reduzido, de modo que prevaleciam os nomeados nos cargos de provimento exclusivamente em comissão. Ora, a própria natureza destes cargos não é hábil para assegurar uma maior especialização dos nomeados, em virtude do grande turnover entre os seus muitos e sucessivos ocupantes.

De outro lado, é típico destes cargos, também, uma vinculação maior de seu ocupante com o agente político que o nomeou, visto que se cuida de cargo de confiança; assim, a relação é muito mais pessoal do que institucional, fato que coloca em segundo plano a necessária autonomia técnica de ação daqueles profissionais. Pois bem, especialização e autonomia técnica são fatores necessários e fundamentais para se garantir uma boa assessoria jurídica, principalmente no que se refere à gestão administrativa da Casa Legislativa, que envolve seu quadro de pessoal e também as suas contratações de bens e serviços.

É necessário dizer que a Constituição Federal de 1988 trouxe profundas modificações e novas exigências legais a serem cumpridas pelo administrador público. A própria necessidade da contratação de procuradores para os órgãos de estado, para o exercício da advocacia pública, por meio do concurso público de provas e títulos, decorre dessas exigências.

Em sua opinião qual foi a importância da instalação da procuradoria na Assembleia?

Como dissemos, a Constituição da República de 88, a "Constituição Cidadã" – como era chamada pelo dr. Ulysses – introduziu profundas mudanças no regime jurídico da administração pública, todas elas voltadas para o reforço dos valores republicanos, da cidadania e de respeito à coisa pública.

Maurilio Maldonado

A observância estrita à legalidade, impessoalidade, moralidade, publicidade e eficiência nos atos dos agentes públicos foi alçada ao status de exigência constitucional, na qualidade de cláusulas de cumprimento inexorável na administração pública. O momento político exigia uma verdadeira revisão ética, necessária não só do ponto de vista político, mas também quanto aos usos e costumes das práticas administrativas.

A Constituição de 1988 estabeleceu padrões fundamentais neste campo. Com estes, veio, em primeiro lugar, a Lei de Improbidade Administrativa, Lei nº 8.429 de 1992, que, como nunca, dispôs sobre as sanções aplicáveis aos agentes públicos nos casos de enriquecimento ilícito no exercício de mandato, cargo, emprego ou função na administração pública. A seguir, foi promulgada a nova Lei de Licitações, a Lei nº 8666 de 1993.

Este diploma legal passou a exigir novos e mais rigorosos procedimentos com vistas ao controle interno da administração pública, e que – mesmo se tratando de forma de controle burocrático e não de resultados – constituiu-se no marco maior da fiscalização dos gastos públicos. É necessário frisar que o controle dos atos de gestão pública é uma das principais atividades do Poder Legislativo, a qual é desempenhada com o auxílio dos Tribunais de Contas. A Assembleia precisou se adaptar a este novo contexto jurídico e a procuradoria foi, sem dúvida alguma, uma ferramenta extremamente útil e necessária, tecnicamente, para a conformação da administração da Assembleia ao novo plexo normativo.

Essas mudanças pararam por aí?

Não. Elas, na verdade, foram coroadas com a aprovação da Reforma do Aparelho do Estado, conhecida como Reforma Bresser ou, simplesmente, Reforma Administrativa, implementada pela Emenda nº 19 à Carta Federal, de junho de 1998. Dela decorreu, inclusive, uma das mais importantes armas de defesa do caráter republicano de nosso estado, que trouxe para a prática o conceito de accountability na administração, introduzido pela Emenda 19 de 88, e impôs a todo o país um verdadeiro regime de responsabilidade financeira para os administradores públicos. Foi a Lei de Responsabilidade Fiscal (L.R.F.), de 04/05/2000, que revolucionou a administração pública brasileira introduzindo parâmetros mais objetivos e amplos da ideia de responsabilidade na gestão financeira.

Aliás, vira e mexe, vemos, infelizmente, ameaças dos inimigos da moralidade, do respeito e da responsabilidade para com a coisa pública, propondo, entre outras coisas, a "flexibilização" – palavra mágica, aliás – da lei de responsabilidade fiscal.

Voltando à procuradoria, a extinção dos 118 cargos gerou polêmica? Em que medida a criação da procuradoria fez parte da fixação desse novo padrão ético na Assembleia?

Bem, o papel constitucional da procuradoria da Assembleia é o assessoramento técnico-jurídico do Poder Legislativo, desenvolvido principalmente no âmbito administrativo, bem como o da representação judicial e extrajudicial da Assembleia. Sendo assim, compete à procuradoria atuar preventiva e repressivamente na defesa dos interesses institucionais do Legislativo.

Como eu disse anteriormente, a Constituição de 1988 e as normas infraconstitucionais responsáveis pela regulação das atividades da administração pública impuseram um novo paradigma ético-administrativo para toda a administração pública do país. A atuação da Mesa presidida pelo deputado Tripoli tomou para si a responsabilidade de dar início à implantação deste novo modelo de gestão pública aqui na Assembleia.

Compunha importante parcela desse processo a instalação da procuradoria e a extinção dos cargos jurídicos de livre provimento. Obviamente, a extinção de um número de cargo desta ordem, muito bem remunerados – diga-se – casou muita revolta e resistência dentro da Assembleia, gerando muita pressão sobre a Mesa, que, no entanto, resistiu bravamente. Muitos diziam que a Mesa não conseguiria, tamanha era a pressão. É preciso lembrar que foram extintos cerca de 120 postos, enquanto que a procuradoria foi criada com somente 20 cargos, providos, necessária e exclusivamente, por concurso público, como foi feito.

Havia, ainda, uma campanha das forças políticas e funcionários reacionários que se colocavam contra a extinção dos cargos e a criação da procuradoria, com missão constitucional e autonomia técnica para executá-la. Propagava-se, insidiosa e falaciosamente, que a procuradoria, composta por procuradores concursados, efetivos e com autonomia técnica funcional (como determina a Constituição Federal) se constituiria numa espécie de novo Ministério Público dentro da Assembleia.

A má-fé dessa visão escondia que, na realidade, o procurador, como todo advogado público, é advogado e não juiz ou mesmo promotor das instituições que representa. É correto dizer que a procuradoria da Assembleia, assim como as demais procuradorias e advocacias públicas, exerce uma forma de controle interno de legalidade das atividades administrativas – controle este realizado por meio da atividade de consultoria, também chamada de advocacia preventiva.

Este controle é fundamental, inclusive para proteger os administradores públicos da prática de alguma medida em desacordo com a legislação em vigor, preservando, assim, a vida funcional dos servidores, bem como a carreira política dos agentes políticos dirigentes da Assembleia. Enfim, o fato é que, no meio a tudo isso, a Mesa Tripoli, Luizinho e Conte Lopes bancou uma procuradoria para os novos tempos.

Na opinião do senhor, qual o maior problema que a reforma administrativa da Assembleia atacou?

O arcaísmo administrativo e tecnológico. Isso por conta do atraso então vivido pela Casa. Era inconcebível para São Paulo, o maior e mais avançado estado da federação, que sua Assembleia Legislativa trabalhasse daquela forma. Em 95, para se ter uma ideia, tínhamos aqui somente oito computadores de propriedade da Assembleia. Alguns deputados compravam com recursos próprios seus equipamentos e traziam para os gabinetes.

A reestruturação criou um departamento de informática e desenvolvimento organizacional, que, a partir de um plano diretor de informática, deu início à montagem do parque de hardware e à informatização dos procedimentos burocráticos. Do ponto de vista da gestão, a Assembleia adotou, em 1996, o Sistema ISO de Gestão da Qualidade. A Assembleia, ainda durante a Mesa Tripoli, obteve a inédita – no que se refere a Casas Legislativas – certificação.

Esse arcaísmo que o senhor mencionou reforçava a ditadura do papel dentro da burocracia?

Sim, era o que em muitas áreas do setor público se chamava de arquivos ambulantes, esse era o tom da burocracia no passado, principalmente quando o controle da informação não tinha como ser processado através de um banco de dados, como ocorre atualmente.

A reforma administrativa executada naquele momento, racionalizando o funcionamento da Assembleia, também introduziu um sistema de qualidade cuja premissa fundamental estava em descrever todas as rotinas aqui adotadas, congregando todas as informações disponíveis num banco de dados, de modo a torná-las públicas, à disposição de todos. Estes eram a premissa e o objetivo.

O padrão anterior de serviço público com certeza dificultava o trânsito da comunicação com a sociedade?

Sem dúvida. Contudo, naquele momento, os conceitos da transparência e accountability começaram a pular os portões da Academia para ganhar o mundo político, o espaço público. Devemos isso, em grande parte, aos estudos do extinto MARE – Ministério da Administração Federal e Reforma do Estado –, conduzidos pelo ministro Bresser Pereira. Destes estudos resultou a já mencionada Reforma do Aparelho do Estado. Convém lembrar que aquele momento – o das reformas da Assembleia de São Paulo – não por coincidência, correspondeu aos movimentos no mesmo sentido ocorridos nos governos Fernando Henrique Cardoso, em Brasília, e Mário Covas, no governo estadual.

Como todo esse processo foi visto na Assembleia daquele momento?

Com muita suspeita. Havia uma crítica muito grande. Alguns diziam que isso aqui não era uma empresa para se implantar o Sistema ISO 9000 de Gestão da Qualidade. Com o tempo, entretanto, ficou claro que essa crítica era equivocada. De fato, tudo o que foi realizado aqui entre 95/96 foi visionário. Principalmente o empenho do presidente Tripoli, que insistiu no casamento "reforma administrativa-implantação do sistema de qualidade".

Ele mostrou-se um homem público de visão. Fomos o primeiro Parlamento, até onde eu pude estudar, a ter um sistema de gestão da qualidade com a aplicação da série de normas ISO 9000. Foi uma ação inovadora. A cultura da Assembleia era outra e a Casa demorou para entender a importância de tudo isso. Claro que houve reações, as pessoas resistiram, mas depois foram incorporando essa nova cultura. Isso foi tão importante que a Assembleia continua no sistema de gestão da qualidade e, hoje, conta com vários outros certificados.

Mudou a cultura administrativa da Assembleia, tanto na parte administrativa quanto na área parlamentar. As inovações daquela época, como a instalação do painel eletrônico e a criação da TV Legislativa, sempre muito discutidas, já apontavam para o futuro e, por sua natureza de vanguarda, geravam muitas reações contrárias. As resistências vinham de todos os lados, mas se notava que o esforço visava transportar o Parlamento de São Paulo – do ponto de vista administrativo – do século 19 para o século 21, sem escala!!!

O projeto saiu do papel e a Assembleia, liderada pelo Tripoli – em consonância com aquilo que acontecia no Executivo do estado, conduzido pelo saudoso governador Mario Covas, e, em Brasília, sob a batuta do presidente Fernando Henrique – foi grande protagonista do início do processo de transformação e modernização da administração pública deste país.

O senhor concorda que o Poder Público precisa dar resultado para a comunidade?

A Assembleia não é, propriamente, uma prestadora de serviços, mas executa uma das funções vitais do estado, é a sede do processo de tomada de decisões políticas de São Paulo, é a casa do povo, posto que nela se encontram seus representantes. Obviamente, a qualidade do que é produzido aqui, em nome da sociedade, também nela se reflete. Tudo que é feito na Assembleia deve ser em proveito da comunidade paulista. Eficiência, entretanto, é uma obrigação constitucional dos gestores públicos, não propriamente dos legisladores.

Os legisladores produzem a síntese possível da vontade popular. É no campo administrativo que a eficiência deve ser buscada. No entanto, não foi só neste sentido que a reforma Tripoli produziu efeitos. Produziu, também, resultados na seara administrativa, como vimos, e estes foram muitos e fundamentais. Mas o resultado mais importante da reforma de 1996 na Assembleia foi plantar nos políticos e funcionários desta Casa a vontade constante de mudar, de inovar e melhorar.

Não é à toa que, após a passagem da Mesa Tripoli, Luizinho e Conte Lopes, a Assembleia continuou a produzir grandes inovações, inclusive no campo institucional, tais como o Parlamento Jovem; o Fórum São Paulo Século XXI, que nos legou a criação de 2 conjuntos de indicadores fantásticos, o IPRS – Índice Paulista de Responsabilidade Social, que obteve o reconhecimento de sua importância pela ONU – Organização das Nações Unidas, e o IPVS – Índice Paulista de Vulnerabilidade Social, que localiza de maneira georreferenciada, inclusive, onde se encontram as grandes carências de São Paulo; o Conselho Parlamentar da Cultura de Paz – o ConPAZ; o ILP – Instituto do Legislativo Paulista, escola de formação e educação para a cidadania; o Fórum Paulista de Desenvolvimento Sustentado, que percorreu o Estado de São Paulo, numa verdadeira descentralização da Assembleia; o SPL – Sistema do Processo Legislativo, iniciado na Mesa Tripoli, constantemente aperfeiçoado e cada vez mais útil à população; o Portal da Assembleia; o processo de Consolidação das Leis de São Paulo, reconhecido internacionalmente pela OCDE – Organização de Cooperação e de Desenvolvimento Econômico, como exemplo de capacidade de assegurar alta qualidade de regulação no Brasil, etc. Muito foi feito e ainda há muito por fazer, mas foi bom testemunhar como as coisas evoluíram de 1996 até nossos dias.

Um dado recorrente está na composição da Mesa Tripoli, que ficou famosa. Nos bastidores, como o senhor acompanhou os passos da formação dela?

Superinteressante composição do PSDB de Ricardo Tripoli, vitorioso nas eleições de 1994, com os maiores partidos de sua oposição à época, o PT, com o Professor Luizinho, e o PPR de Maluf, com Conte Lopes.

Ela foi inusitada, quase ninguém acreditava que funcionaria, por se ter ali os dois opositores principais do PSDB. Achava-se que não se teria uma convergência de propósitos ou um convívio sequer civilizado. Mas, muito pelo contrário, não aconteceu nada disso: foi um conjunto muito produtivo e, parte do sucesso, eu avalio que tenha se dado, especialmente no que tange PSDB e PT, pela convergência no ideário social democrata nutrido na prática pelos 2 partidos, apesar do discurso do PT. Essa composição continuou a prosperar desde então, não se repetindo, salvo engano, em apenas 2 biênios, e olha que já se vão 16 anos.

As mudanças deram suporte para uma nova plataforma de trabalho dos funcionários da Assembleia nos dias de hoje?

Sem dúvida. Eu acho que a questão da cultura administrativa foi uma das barreiras mais difíceis de serem removidas. Quando implantado o sistema de qualidade, veio junto, também, entre outras inovações, a ideia da reciclagem, sugerida pelo Ricardo Tripoli e abraçada pela funcionária Margarida, e isso acabou fazendo parte do conjunto de reformas da mentalidade da Casa, com uma ação mais uma vez pioneira que hoje, felizmente, é muito comum.

Tinha que se evitar o desperdício na Assembleia, implantar um uso racional dos recursos da Casa e conferir uma finalidade adequada para o material reaproveitável. Exemplo disso foi a racionalização na distribuição de diários oficiais assinados pela Assembleia. O número de assinaturas era, até então, absurdo. Cada funcionário, praticamente, tinha pelo menos um à sua disposição, e o querido professor José Oswaldo, secretário Geral de Administração à época, que teve uma participação muito importante naquele processo de mudanças, determinou o uso compartilhado do jornal, reduzindo drasticamente o número de assinaturas, bem como assegurou a destinação dos exemplares já utilizados para a reciclagem.

Obviamente, essa modificação não se deu só pelo custo, mas também pelo objetivo de preservação do meio ambiente, bandeira antiga do Tripoli. Não foi só isso. Fizemos a primeira licitação para a aquisição de 100 (cem) computadores. Hoje, a Assembleia conta com um adequado parque de computadores que atende, praticamente, todos funcionários da Casa, pelo menos onde é necessário. A informatização facilitou muito o trabalho dos funcionários e órgãos da Assembleia.

A documentação começou a ser organizada de maneira racional, com vistas a uma consulta mais ágil dos documentos, bem como o armazenamento de dados sem utilização de grandes espaços ou emprego excessivo de trabalho braçal. Aquela Mesa deu início à organização do rico Acervo Histórico da Assembleia, criando uma unidade administrativa com a finalidade de restaurar e recuperar a documentação que sequer a própria Casa conhecia na totalidade, muito menos a sociedade. Foi criada a televisão da Assembleia, outro choque. O funcionário da Assembleia, depois de muito tempo, conseguiu enxergar a importância daquela ruptura na construção de uma nova diretriz administrativa.

Então, ganharam a sociedade e a própria instituição.

Veja que os recursos colocados à disposição de todos atualmente são imensos. Você abre o computador e tem o portal da Assembleia com todas as informações, prestação de contas das atividades e despesas do Poder. Isso facilita a compreensão pela sociedade do que é feito neste Poder, estreita as relações da Assembleia com a população e o vínculo entre representantes e representados, bem como permite a fiscalização pela sociedade civil organizada, reforçando o exercício da cidadania.

A TV da Assembleia também é um canal democrático de informação. Enfim, tudo aproxima a sociedade do seu representante e inclusive se demonstra à sociedade o que, de fato, é a Assembleia Legislativa. Outra coisa que eu acho importante frisar é que as audiências públicas começaram naquele período também. As reformas abriram o espírito das pessoas, mostraram que inovar era possível. Até com relação à estrutura do prédio, aquela Mesa enfrentou um desafio logo que começou a trabalhar. Imagine que o antigo Contru interditou o prédio da Assembleia por sua total inadequação às posturas municipais de segurança e acessibilidade.

Não havia, em especial, a preocupação com a acessibilidade no edifício sede do Poder Legislativo estadual, até porque se cuidava de mais um conceito "novo", e também nesta área a Assembleia teve que se modernizar. O que somos hoje, de fato, começou ali, com aquela Mesa. Foi um salto. Foram grandes mudanças. Foi mágico poder participar de tudo aquilo e continuar aqui na Assembleia presenciando e podendo ajudar a aperfeiçoar nosso Poder Legislativo.

Osvaldo Martins

*"A nova mentalidade do Mario Covas
e Ricardo Tripoli é que sacudiu o Estado"*

Paulista de Santos, Osvaldo Martins de Oliveira Filho é jornalista e escritor desde 1960. Atuou nos jornais O Diário, A Tribuna, O Estado de S.Paulo e Jornal do Brasil, na TV Globo e na revista Veja. Fundou e dirigiu o IBEC - Instituto Brasileiro de Estudos de Comunicação -, onde elaborou o Plano Diretor de Comunicação do Banco do Brasil e criou a Auditoria de Imagem, amplamente adotada pelo mercado da comunicação corporativa. Amigo pessoal de Mario Covas por 40 anos, foi seu assessor especial de Comunicação na prefeitura de São Paulo (1983-1985) e secretário de Estado da Comunicação nas gestões Covas e Alckmin (1999-2001). Coordenou a Comunicação das campanhas vitoriosas de Covas para o governo do estado em 1994 e 1998 (marketing político, rádio, televisão, pesquisas, imprensa, etc). Criou, para a Fundação Roberto Marinho, o Telecurso Tec, no ar na Rede Globo, Canal Futura e TV Cultura desde 2007. Primeiro ombudsman da televisão brasileira (TV Cultura, 2004-2007). Escreveu 11 enredos para a escola de samba Estação Primeira de Mangueira, da qual é sócio benemérito. Organizador e autor do primeiro capítulo do livro "Mario Covas/Democracia/Defender, Conquistar, Praticar" (Imprensa Oficial, 2011). Presidente da Fundação Mario Covas (2001-2006 e a partir de 2009).

Quando Mário Covas assumiu o primeiro mandato do governo de São Paulo, formava-se uma nova direção na Assembleia Legislativa. Como o senhor viu a perspectiva de relacionamento entre os dois poderes?

Quando o Mario Covas assumiu o Governo em 1995, ele vinha de uma carreira política desenvolvida em sua maior parte num Poder Legislativo, como deputado federal e senador. Ele esteve no Congresso Nacional durante 14 anos, exercendo mandatos eletivos, e vinha de 8 anos de Senado. Tinha um respeito muito grande pelo Poder Legislativo e, como você disse, ao assumir o governo de São Paulo, encontrando a situação que ele encontrou de terra arrasada, com as finanças do estado totalmente destroçadas, precisava, como precisou e teve respaldo na Assembleia Legislativa, que, para a sorte dele, quem assumiu a presidência da Assembleia, na ocasião, foi o deputado Ricardo Tripoli, velho companheiro.

Embora o Tripoli seja bem mais moço do que ele desde os tempos em que foi prefeito, trabalhavam juntos. Quando o Mario Covas foi prefeito, o Tripoli foi secretário municipal e era vereador, e, como secretario e como vereador, eles dois já tinham firmado ali uma parceria, um entendimento muito grande, dada a uma série de afinidades politicas entre os dois, além do fato de pertencerem ao mesmo partido.

De modo que naquele inicio de governo foi realmente muito difícil, como todo mundo sabe, e o governador Mario Covas precisava e com urgência adotar e propor uma série de medidas, uma série de Projetos de Lei que começassem aquela obra de reconstrução do estado, e para isso ele contou com apoio incondicional da presidência da Assembleia.

Vale dizer do deputado Ricardo Tripoli, que se empenhou o quanto pode para poder dar ao Executivo do governo do estado, condições mínimas de atuação para por a casa em ordem, com um papel saneador das finanças e inovador na forma de governar, na forma de administrar a máquina. Nessa ocasião o Mario Covas revelou uma faceta, um lado até então desconhecido

Osvaldo Martins

da inovação: Mario Covas entrou para a história como político íntegro, sério, competente e coerente.

O estado tinha perdido completamente a capacidade de investimento, o orçamento que o Covas herdou da gestão anterior, era um orçamento deficitário, com 27% de déficit, e ele, na execução desse orçamento, conseguiu no final de 1995, reduzir esse déficit para 11%, e a partir do ano seguinte, 1996, trabalhando com um orçamento já elaborado por sua gestão, conseguiu equilibrar receita e despesa, e a partir 1997, pode criar superávit, que permitiu a retomada da capacidade de investimento.

Nesse trabalho todo, foi importante o Programa Estadual de Desestatização, uma forma encontrada para poder enfrentar, inclusive, a dívida gigantesca que tinha com o governo federal, e, em primeiro lugar, terminar obras que haviam sido paralisadas no governo anterior por falta de recursos e por outras razões.

O fato é que, dando um exemplo, a gestão Covas encontrou só na região metropolitana de São Paulo, 14 grandes obras de hospitais paradas, e aquilo era dinheiro já gasto do tesouro do estado, portanto, aquelas obras precisavam ser terminadas e aí entrou a criatividade, com a grande ajuda do Ricardo Tripoli, que não apenas ficou na Assembleia, aguardando a chegada de projetos do Executivo, mas participou ativamente de todas as discussões, alertando, inclusive, para dificuldades eventuais que haveria na Assembleia e teve uma participação e colaboração valiosíssimas.

No outro ano, o governo do estado enviou para a Assembleia um Projeto de Lei criando as Organizações Sociais para gerir aqueles 14 hospitais que precisavam ser terminados e postos em funcionamento. Você sabe que um hospital tem um custo X para ser construído, um custo igual para ser equipado, e um custo igual, anual, para ser mantido. E o estado, recuperando as finanças, até tinha possibilidades, teria, como teve, recursos para manter o funcionamento desses hospitais, mas o que ele não podia fazer, impedido pela Lei Camata, era contratar funcionários.

Em que condições se encontrava a folha de pagamento?

O estado estava no limite do gasto com a folha, com o pagamento de funcionários e a solução das Organizações Sociais foi inovadora e pioneira, de modo que, contratando entidades com expertise na área hospitalar, e as entidades contratadas eram Santa Marcelina, Hospital Einstein, Sírio Libanês, uma série de entidades sérias, garantiam o bom funcionamento dos hospitais. Foram contratadas como Organizações Sociais pelo estado, que terminou e equipou os hospitais e que pagou a essas Organizações Sociais, como acontece até hoje, os seus gastos que incluem também o pessoal.

Trocando em miúdos, 14 hospitais na época foram postos em funcionamento sem a contratação de um único funcionário, essa foi uma grande inovação, assim como em várias outras áreas que resultaram em projetos remetidos pelo Executivo para o Legislativo, a exemplo do caso do Programa Rodoviário, onde também foram feitas concessões rodoviárias, chamadas concessões onerosas, pelas quais o concessionário passa a agir, em nome do Poder Público, durante um período de 30 anos, e ele, o concessionário, responde por todos os investimentos e, 30 anos depois, todos os melhoramentos criados se revertem para o patrimônio do estado.

Outro bom exemplo foi a concessão do Sistema Anchieta-Imigrantes, onde foi construída a segunda pista da Serra do Mar com um custo em torno de 1 bilhão de reais, sem um único centavo do tesouro de São Paulo, pago por seus usuários via pedágio.

Como a Assembleia reagiu a estas propostas?

Foi outra grande guerra que a Assembleia Legislativa sustentou junto com o governador, dentro daquela máxima que o Covas repetia muito: 'quem usa paga'. Ele achava que o dinheiro não devia sair do tesouro, que era um dinheiro arrecadado do conjunto da população, via ICMS. De modo que o conceito de o usuário pagar pelo serviço, parece socialmente mais justo, além dos evidentes benefícios que se tem por esse sistema, o que coloca São Paulo, aliás, como um dos lugares do mundo mais bem equipados em sua malha rodoviária.

A malha rodoviária de São Paulo é equivalente às melhores do mundo, e isso se desdobra em vários aspectos principalmente, talvez seja a questão da segurança das rodovias e, por consequência, o número de mortes em rodovias, ou seja, trata-se de vidas humanas poupadas, que não têm preço, em rodovias bem construídas e bem conservadas. Tudo isso pago pelo pedágio. Isso tudo só foi possível graças à maneira como a Assembleia Legislativa conduzida pelo deputado Tripoli na presidência, entendeu essa questão, e lutou bravamente para implantar as soluções propostas pelo Executivo.

O senhor pode analisar a composição da Mesa Diretora da Assembleia daquela época.

Sem dúvida alguma, essa prática de composição da Mesa Diretora, de representação de todas as correntes políticas na proporção das suas bancadas, é uma prática antiga do Congresso Nacional, é uma prática que o então deputado e depois senador Mario Covas se familiarizou muito com ela, em grande parte como membro da oposição e da minoria e, portanto, sentindo de perto a importância dessa possibilidade de participação.

Quando governador, ele concordou inteiramente com a montagem articulada pelo Tripoli, porque ele via nisso o reflexo na Mesa Diretora de toda a diversidade que compunha o plenário, que por sua vez, representa a diversidade de toda a sociedade, de modo que, pela primeira vez, o PT participa de uma posição importante da Mesa. Isso sinalizava que a democracia sempre tem a solução para problemas políticos, embora, às vezes, pareçam quase impossíveis, como até então parecia impossível na Assembleia Legislativa de São Paulo.

Assim, a afinidade de dois parceiros do PSDB, um no Legislativo e outro no Executivo, facilitou as prerrogativas da democracia?

Ainda desse outro lado da afinidade do Covas e Tripoli, do apreço pela democracia e pela importância dada a uma gestão seja do Executivo, seja do Legislativo, mas principalmente do Legislativo, que era uma Casa plural, o respeito ao jogo democrático, deu certo, porque todas aquelas questões importantes que a Assembleia Legislativa passou a examinar, foram vistas de um modo participativo, inclusive pelos partidos da oposição, partidos representados naquela diretoria. Foi uma articulação política inteligente, democrática e que se mostrou também eficiente.

As urgências na desestatização, a criação das Organizações Sociais, a solução encontrada para o Baneser através do permanente relacionamento com o Parlamento renderam frutos desse diálogo entre os poderes até hoje?

Eu creio que sim, e não sou eu quem diz isso, quem diz é o próprio povo de São Paulo, o eleitorado de São Paulo, que aprova essa maneira de governar, aprova essa maneira de legislar, tanto que esse mesmo pensamento é o que tem prevalecido esse tempo todo, e não é por acaso e por nenhum golpe de mágica ou de marketing, que o PSDB se mantém esse tempo todo no comando do Estado de São Paulo. É porque aqui se implantou uma maneira, uma forma moderna, inovadora e, acima de tudo, austera, de governar, de ver a coisa pública com os olhos de quem esta mexendo com o patrimônio alheio.

Mario Covas costumava dizer "olha lidar com Poder Público requer muito mais zelo, do que lidar com seu próprio dinheiro, com o seu dinheiro você faz o que quiser, e com o dinheiro público você tem que tomar muito cuidado com o que vai fazer com ele", de modo que, sem dúvida, nessa época, essa nova mentalidade implantada, seja no governo do estado, seja na Assembleia e, pioneiramente, pelo Mario Covas e Ricardo Tripoli em 1995, é que sacudiu o estado e devolveu São Paulo à sua posição na Federação e que permanece ate hoje, e tudo indica que terá longa vida, porque o povo de São Paulo não se ilude com o populismo, com certas práticas políticas já ultrapassadas, ele quer seriedade, eficiência, trabalho, e é por isso que essa fórmula tem dado certo.

Professor Luizinho

*"Construímos uma relação aberta
do Legislativo com a sociedade paulista"*

Luis Carlos da Silva, Professor Luizinho, é formado em Matemática pela Faculdade de Ciências e Letras de Ribeirão Pires. Fundador do PT, integrou a Executiva Estadual do partido e líder na Assembleia Legislativa onde exerceu o cargo de primeiro-secretário (1995-1997). Eleito deputado federal, esteve no Congresso Nacional de 1999 a 2007.

O ano de 1995 chama a atenção sobre a política em São Paulo. Em março o senhor assumia seu segundo mandato como deputado estadual pelo PT. A Mesa era dirigida pelo Tripoli, do PSDB, começava o governo Mário Covas e o governo Fernando Henrique Cardoso. Pode falar sobre o momento?

Primeiro, nós temos dois momentos: o PT, meu partido, era de oposição e nós estávamos com um governador que nós - nós, que eu falo, sou eu em particular-, tínhamos apoiado, porque o PT nos liberou. Depois, havia um processo interno na Assembleia de nunca ter consolidado um preceito constitucional que era a proporcionalidade na composição da Mesa. Como nós tínhamos tido essa mudança de relação, inclusive, com segmentos do PT com vários prefeitos, senadores e candidatos a governador apoiando o atual governador, ele estava compondo a sua maioria.

E estávamos para definir a direção da Assembleia Legislativa, formada pela Mesa Executiva, com o presidente do Legislativo, o primeiro-secretário espécie de prefeito do Legislativo, e o segundo secretário, que cuidava da relação mais direta com os deputados, das coisas de maior interesse em relação aos deputados. O PT vinha buscando consolidar esse pleito de que a Mesa tivesse participação proporcional em sua composição, ou seja, a participação referenciada no voto popular.

Nós começamos a desenvolver um diálogo muito profícuo com o Ricardo Tripoli, que considerou isso importante, que, de fato, o Legislativo poderia dar esse salto qualitativo. O próprio PSDB, naquele instante, também viu que já tinha sido superado aquele momento que existia no passado, de querer excluir um segmento significativo do Legislativo em que se expressavam uma parcela importante do voto popular em São Paulo, e nós começamos a desenvolver esse debate.

Mas o fizemos, e isto foi muito importante, em cima de um programa para a Casa, e o próprio Tripoli tinha insistido em abrirmos a Assembleia para a sociedade brasileira, para os setores organizados e para a população em geral. Fizemos a transparência do Legislativo, construímos uma relação aberta do Legislativo com a sociedade paulista, que era, também, um posicionamento do PT. Por isso nós não só consolidamos o preceito constitucional, mas também consolidávamos uma Mesa que por mais estranha que pudesse parecer, no primeiro momento, ao olhar político, devido a sua composição, referendava uma proposta de programa para a Casa.

A proposta cumpria dois preceitos fundamentais: o constitucional e a participação popular, de acordo com o peso e a força do voto popular e ao mesmo tempo contemplava uma proposta programática de trabalho para a Assembleia Legislativa.

Esta Mesa selou a reforma administrativa da Assembleia, e vocês trabalharam com duas preocupações: austeridade e modernização. O balanço é positivo, com resultados e boas soluções?

É exatamente isso que eu havia dito, e veja Fernando, que nós tínhamos como grandes preceitos, a transparência e o acesso da população, de setores

Professor Luizinho

organizados, ao Poder Legislativo. E sabíamos que para poder fazê-lo, nós tínhamos que qualificá-lo, para qualificá-lo, nós compreendíamos que precisávamos passar por uma reforma administrativa. Era, também, um compromisso com a própria Assembleia e seus funcionários.

Desta forma, um dos grandes motes da proposta, um dos nossos grandes trabalhos de peso, de envergadura, foi a partir da compreensão que nós tínhamos de consolidar uma relação de respeito com o funcionalismo, mais estrutural, de defesa do próprio Legislativo, ou seja, dos funcionários.

Nós consolidamos um plano de cargos, salários e carreira que não tinha e, na consolidação do organograma da Assembleia, o Tripoli foi um agente fundamental, porque nós tivemos que enfrentar grupos internos partidários e de deputados, donos de interesses de um núcleo muito forte de funcionários. Foi fundamental consolidar a procuradoria da Assembleia Legislativa do Estado de São Paulo, porque ela não existia, havia os procuradores, mas não tinha procuradoria.

Os procuradores formavam um grupo fora de propósito. É assim que o senhor via?

Exatamente 118, e que tinham os maiores salários da Casa. Salários maiores do que de deputado e presidente da Assembleia, e que eram cargos meramente políticos, de força e de pressão interna de poder de alguns segmentos que, com estes cargos, controlavam os demais na sua distribuição. Então, veja os interesses que nós estávamos ferindo, cabendo à primeira secretaria organizar e conduzir todo o debate, organizar e conduzir toda a estrutura, depois do consenso com a Mesa, porque é óbvio que tudo era aprovado pelo presidente e pela Mesa como um todo.

Mas foi uma honra para nós, na mudança do organograma, não só conseguir fazer o plano de cargos, salários e de carreira, mas construir a estrutura administrativa com a procuradoria, pequena, enxuta e com salários razoáveis, bons. Todos os procuradores do estado e do Brasil, sabem que os salários que nós pagamos aos nossos procuradores são salários razoáveis, de mercado, atraentes.

Esta procuradoria foi implantada na nossa Mesa, na presidência do Tripoli, na minha primeira secretaria e na do Conte Lopes, que era do PPR. Veja, do PPR, por isso que eu digo que a Mesa era uma Mesa que aos olhos do público externo, pareceria muito estranha por causa dessa diversidade e, mais ainda, ninguém acreditava que nós aprovássemos esse projeto em plenário.

Como se deram estas negociações de bastidores?

Coube a mim, mandado pela Mesa e pelo presidente, fazer a articulação com os demais deputados, organizar essa relação com a Casa, porque o primeiro-secretário, como eu já havia dito, é como se fosse o prefeito da Assembleia, e tinha que conduzir a discussão com os líderes, com a associação de funcionários, e nós conseguimos fazer um excelente trabalho, acredito eu, para a Assembleia Legislativa e para o Estado de São Paulo. Tanto é, que, quando o presidente Tripoli pôs para votação o plano de cargos, salários e carreira, contemplando, inclusive, o novo organograma da Assembleia com a procuradoria efetiva, nós tivemos a votação por consenso no plenário, algo inimaginável, por causa dos conceitos que eram aferidos, dos interesses que ali passavam.

Mas os deputados perceberam a importância daquela mudança, daquele momento, não só no respeito à composição da direção da Casa, que incorporava o segmento de oposição e que conduzia o trabalho de forma coletiva para interesse da população do estado e em benefício do fortalecimento do Legislativo perante os olhos do nosso povo, como também a mudança dos hábitos e dos costumes internos. E isso foi aceito, foi consolidado. A partir daí várias outras coisas puderam ser feitas.

O presidente deu condições para organizar a recuperação do Acervo Histórico da Assembleia, montou um departamento e constituiu um quadro específico para essa finalidade, tudo a partir da reforma administrativa; construiu a TV Legislativa, um grande salto na comunicação. Iniciamos a informatização para oferecer acesso direto à população com os primeiros canais de informação e de articulação direta do Parlamento. Eu reputo como tendo sido uma Mesa que deu início a todas as mudanças e transformações que o nosso Legislativo tinha que merecer. Nesse sentido, houve uma revolução do ponto de vista Legislativo paulista.

O governo Covas começou endividado. A Mesa que o senhor compunha trabalhou para que o governador Covas tivesse possibilidade de executar os projetos que precisava, principalmente em relação ao ajuste fiscal. Tudo isso se deve a uma negociação profunda de vocês e ao entendimento de oferecer suporte ao governo?

Aí são duas coisas diferentes, vamos lá: nós, dentro do processo de mudança interna da Assembleia, procuramos desenvolver uma Mesa profundamente austera, de respeito e de controle de gastos, tanto é verdade, que é a primeira Mesa que começa a devolver recursos para o estado. Devolveu mais de 10 milhões de reais, mais ou menos. Outra coisa era o nosso posicionamento, e aí, eu, como membro da oposição, em plenário, junto com meu líder, conduzindo as negociações junto às lideranças de governo, do governador Covas, para que pudessem ser votados os projetos que ele considerava importantes.

Eu sei, e lembro que, vários deles, nós votamos juntos, após mudanças essenciais e aceitação de proposituras nossas, do PT, e outros, nós votamos contra. Mas foi bom, porque a partir da regra maior do respeito à maioria e do respeito à minoria, do legítimo direito de trabalho do conjunto, se facilitou também a condução no plenário, com a possibilidade de um novo diálogo entre os partidos para, no próprio plenário, poderem corresponder às necessidades do estado.

Um dos caminhos que os senhores escolheram foi a busca da transparência. As votações passaram pela implantação do painel eletrônico. Essa medida gerou uma polêmica ensurdecedora, porque parte dos deputados preferia o contrário. Como é que o senhor encarou aquele debate?

Vamos considerar assim: eu imaginava que o embate maior fosse se dar em relação a mudança de cargos, salários e do plano de carreira, mas, por incrível que pareça, parece até folclore, o painel acabou sendo um problema, o mais espinhoso. No entendimento da Mesa, nós não compreendíamos o significado daquilo, porque o painel agilizava as votações, tirava um empecilho imenso da rotina.

Havia um segmento que era contra a transparência imediata que o painel dava, além da discussão de que o painel reduziria um esforço da minoria na sua política legítima de obstrução. Então, nós tínhamos dois parâmetros, veja como é que às vezes, as coisas se juntam e trabalham de forma igual a favor de preceitos totalmente diferentes. Nós, da oposição, queríamos continuar com espaço de poder forçar o diálogo ao extremo, e o instrumento que nós tínhamos chama-se, dentro do Parlamento, obstrução.

Todos podem ver como funciona isso em Brasília com o DEM e o PSDB fazendo obstrução aos projetos do presidente Lula e, agora, da presidente Dilma. A votação era nominal, você chamava os 94 deputados, um a um, e era obrigado a refazer a chamada. Então, veja o tempo de duração da votação. Nós queríamos uma compensação regimentar, e o embate foi muito grande. Felizmente conseguimos encontrar uma saída, nós mudamos o Regimento Interno, reduzindo horas de debate.

Mas compensamos com outra relação, porque foi encontrado no Regimento um método, uma forma, que acabou atendendo aos interesses da agilidade que o presidente queria. A Casa tinha que andar com seus projetos e processos, porque o papel da Mesa, do presidente, era votar e garantir os interesses do governo, que precisava dos seus projetos votados. A aprovação do Regimento também permitiu a oposição não perder o seu fogo, que era sua força de obstrução e, quando julgasse necessário, ter condições de usar esse instrumento.

Nós conseguimos um equilíbrio na alteração regimentar e votamos essas mudanças por consenso também. Então, tínhamos uma Mesa que encontrou dificuldades intensas e imensas, mas que conseguiu superá-las, todas, pelo consenso.

As atitudes tomadas durante aqueles dois anos, com relação a administração geral, a cargos e salários, ao painel eletrônico e à TV Legislativa, são conservadas até hoje. Que balanço o senhor faz uma década e meia depois?

Por tudo isso, não teria como fazer uma avaliação da nossa Mesa, daquele momento que nós vivemos, sem que essa avaliação fosse extremamente positiva. Primeiro, nós quebramos ali um paradigma da maioria achar que tinha que submeter a minoria ao extremo. Esse foi o primeiro grande paradigma vencido. E eu quero aqui dizer que o governador Mario Covas foi um dos corresponsáveis para que esse paradigma fosse quebrado, nós temos que dar mérito para quem tem mérito.

Segundo, o PSDB, internamente, também conseguiu segurar o seu lado, o seu time, porque ao se criar o respeito da proporcionalidade e da composição para a direção da Casa, a partir da expressão do voto popular, os cargos que ele distribuía entre os seus seriam reduzidos. A participação determinante, em minha opinião, foi do governador Mário Covas, com essa compreensão interna de que não tinha mais sentido, no momento que estávamos vivendo, de democratização do país, querer alijar a minoria.

Foi um grande passo o respeito e o reconhecimento à minoria, e a partir daí, chegamos à composição de uma Mesa tão eclética, mas voltada para objetivos comuns em cima de um programa de transparência, modernidade, equilíbrio e austeridade financeira. Depois, foi ter conseguido dialogar, internamente, com a Mesa, e externamente, com a Casa toda, seja com os funcionários, seja com os deputados, para poder fazer tudo aquilo virar realidade.

Eu acho que houve um ganho imensurável, tão imensurável, que continua até hoje. Está lá nossa procuradoria, em nosso plano de carreira, está lá o departamento histórico e o acervo, com a memória e a vida não só do Legislativo, mas também de São Paulo e que traz referências de Brasil. Está tudo ali, a TV Legislativa até hoje, a informatização que teve início há 16 anos, que já está num patamar superior, acompanhando as transformações da tecnologia, mas começou ali. Não vamos esquecer a austeridade financeira que naquele momento foi comprovada, basta ver os recursos que nós devolvemos.

Só posso dizer que foi uma Mesa que considero vitoriosa, tanto a partir do Ricardo Tripoli como do nosso segundo-secretário, o Conte. O Conte foi importante também, pela sua bancada e pelos deputados que ele representava. Poderia ter criado dificuldades durante o encaminhamento de algumas questões, mas não, ele jogou junto com a Mesa, ele trabalhou junto com o coletivo, foi um ganho, e ainda bem para o Tripoli, para mim e para o Conte, que este ganho, que esta vitória, tenham se tornado permanentes.

Rubens Rizek

"O diálogo entre o governador e o presidente da Assembleia era de alto nível"

Rubens Naman Rizek Junior é graduado em administração de empresas pela Fundação Getúlio Vargas, graduado em Direito pela Faculdade de Direito da Universidade de São Paulo, com extensão universitária em Direito Comunitário e Ética dos Negócios na Universidade Católica de Louvain. É professor universitário, Mestre e Doutor em Direito do Estado pela USP. Foi presidente da Corregedoria Geral da Administração do Estado de São Paulo. Atualmente é secretário-Adjunto da Secretaria de Estado do Meio Ambiente.

Gostaria que o senhor fizesse um resumo da sua tese na USP, que trata do Processo do Legislativo. Certamente ela nasceu a partir das suas observações do funcionamento da Assembleia Legislativa do Estado de São Paulo. Como o senhor a desenvolveu?

Pois não, Fernando. Eu assumia a chefia de gabinete da presidência da Assembleia Legislativa e, antes disso, eu não tinha experiência na condução dos assuntos do Parlamento. Por paradoxal que isso possa parecer, pela cultura nacional, o sistema de gestão num parlamento é mais próximo do presidencialismo do que deveria. Pelo gabinete do presidente, as questões mais nevrálgicas do Parlamento, obrigatoriamente, tramitam. São as questões de pauta - a agenda legislativa -, as questões administrativas, as questões institucionais. Porque o presidente, no caso da Assembleia, que é o Poder Legislativo do Estado de São Paulo, é também presidente de Poder e, como presidente de Poder, ele tem uma série de obrigações, responsabilidades, posturas e liturgias institucionais.

Por exemplo, a recepção de delegações estrangeiras e uma variedade de outras. A primeira coisa que eu constatei com essa experiência na chefia de gabinete da presidência foi essa: todos esses assuntos, sejam eles institucionais, sejam da agenda legislativa, políticos, de atendimento à população, projetos em que a Assembleia é protagonista, como frentes parlamentares, por exemplo, a parte de fiscalização do Executivo, a parte de propositura de formas de discussões, todo esse conjunto passa pelo gabinete do presidente.

E eu percebi que a agenda do Poder Legislativo é muito maior que o processo Legislativo, mais do que isso, tendo em vista uma série de fenômenos - e isso eu analiso na tese com muito vagar -, uma série de fenômenos das ultimas décadas, do século passado, na história da evolução dos poderes legislativos e parlamentos no mundo todo, a agenda legislativa propriamente dita, quer dizer, é cada vez mais dependente da agenda do Poder Executivo, ela esta cada vez mais atrelada à agenda do Executivo. Nos países parlamentaristas é notória e evidente a correlação do processo Legislativo com os projetos do Executivo, ela é total.

Mas, mesmo nos países de tradição presidencialista, como é o caso do Brasil, e no caso do Estado de São Paulo, onde há uma separação, em que, teoricamente, a relação é muito autônoma e independente entre Poder Executivo e Poder Legislativo, a agenda da Assembleia Legislativa é muito dependente do Poder Executivo. Essa era uma constatação talvez um pouco frustrante, num primeiro momento, numa análise simplista e superficial. Mas, quem vive o Poder Legislativo percebe que ele é muito maior do que a agenda do processo Legislativo. E eu também debato nos meus estudos acadêmicos, a partir das observações empíricas que eu tive lá dentro, além das pesquisas e estudos, análises de movimentos e doutrinas e pesquisas de outros estudiosos da ciência política.

Rubens Rizek

A gente constata que cada vez mais o Poder Executivo está perdendo a sua capacidade de planejamento estatal, de criação de projetos de médio prazo, de indicadores, enfim, a incapacidade de conseguir criar cenários de futuro, de conseguir dar eixos temáticos políticas públicas, de conseguir fazer uma reflexão sem achismos, uma reflexão um pouco mais técnica e responsável a respeito de para onde estamos caminhando e que estado queremos criar.

E de que maneira este planejamento atende a comunidade?

Olha, por uma série de razões o Poder Executivo fica cada vez mais dono da agenda legislativa, do Poder Legislativo. Mas, por outro lado, esse Poder Executivo tem uma dinâmica reativa. Então ele concentra seus principais líderes, secretários de estado, o governador, os assistentes diretos do governador, no gasto de toda a sua jornada de trabalho resolvendo urgências, reagindo a problemas. O Poder Executivo está quase num colapso planejador.

Por que não se aponta para o futuro?

É, não que ele não queira, é que ele não consegue, não consegue porque toda a energia, toda a inteligência, todo esforço é para resolver as urgências, e isso é da natureza das coisas; a urgência, lógico, que é prioritária, desponta sobre um trabalho de planejamento, porque trabalho de planejamento nunca é prioritário. A rotina faz com que as urgências se sobreponham e isso tem sido a dinâmica do Poder Executivo nas ultimas décadas no Brasil.

E isso tem reflexos em nosso desenvolvimento, tem reflexo na qualidade de vida, tem reflexos importantes. O que eu percebi em minhas observações tanto acadêmicas quanto empíricas, é que o Poder Legislativo deveria ser um fórum de planejamentos estatal, e pela sua natureza é um fórum de planejamento por excelência. Isso porque, além do Poder Executivo ter, por força das circunstâncias, que gastar toda sua energia, todo seu tempo, todos os seus recursos na resolução de problemas imediatos, por conta desse Vietnã de problemas, na dinâmica alucinante de resolver o que é imediato, urgente, etc., ele também perde o contato com a realidade, muitas vezes, e as informações que chegam para os titulares dos principais cargos do Executivo são distorcidas.

Através desses dois vieses principais, o Poder Executivo não consegue planejar e quando planeja, planeja mal. E, como diziam meus professores de planejamento, não tem nada pior que um mau planejamento bem executado, porque aí é o fim do mundo.

A seu ver o Poder Legislativo precisa ter uma característica de planejamento de ações?

O que a gente precisava, e isso eu senti lá na Assembleia Legislativa, é trazer pro Parlamento o chamamento, uma consciência de que ele é um órgão planejador, isso é muito sério e importante, e é muito relevante para o desenvolvimento de uma nação você ter um fórum de planejamento. E o Poder Legislativo, o Parlamento, foi o foco por excelência: lá você tem o pluralismo, você tem representantes de todas as classes sociais, de todas as correntes ideológicas, você tem gente do operariado, você tem gente do empresariado, você tem ruralista, você tem pequeno agricultor, você tem comunista, capitalista, radical, religiosos, bancários, você tem representantes dos portadores de deficiência, enfim, a sociedade esta toda lá com todos os suas componentes, complexidades, fracionamentos.

É uma caixa de ressonância muito imediata do sentimento social, e o que incomoda a sociedade, bate lá, rápido, direto, na veia. Então vejo que este fórum é privilegiado, quem o compõe são de fato representantes da vontade popular, são pessoas eleitas, são líderes. É nesse aspecto que reformas e essa nova visão do Parlamento recupera sua credibilidade, a sua força e a sua importância.

Quando o senhor chegou à Assembleia Legislativa em 1998, ela completava 3 anos do início de uma reforma visceral. Qual foi seu sentimento?

A gente pode dizer que a Assembleia Legislativa - e isso não sou eu que estou dizendo - os próprios funcionários e quem vive na instituição é quem fala, essa reforma implementada pelo Tripoli não é uma reforma administrativa, é muito mais que isso: ela é um divisor de águas da história do Parlamento paulista. Primeiro, pela maturidade política na formação da Mesa. Onze em cada dez pessoas que você for entrevistar, vão dizer isso.

E isso fez história, tanto que se replica até hoje. E maturidade não só de quem encabeçou a Mesa, que foi o deputado Tripoli, mas também de como os outros membros estiveram juntos, inclusive num momento de guerra ou de disputa ou de enfrentamento político muito contundente, entre PT e PSDB, você ter os dois compondo uma mesa junto com outro partido que era o PPR.

Isso foi histórico, de fato, e inclusive um exemplo para o país todo, em que se aplicou a proporcionalidade numa convivência madura e política para gerir um Parlamento. Foi muito bom também, porque é um exemplo que permite ver que as decisões tomadas pela Mesa, assim composta, tenham uma consistência política, porque as várias forças do Parlamento, as principais, estão representadas na própria Mesa Diretora.

Se começa por aí, isso fez história na política, depois fez história na administração da Casa, porque era muito raro até aquele momento, e mesmo depois daquele momento, você ouvir falar em extinção de cargos e demissões.

Eram atitudes sabidamente contrárias a interesses exclusivos.

E não foi só isso que aquela Mesa, encabeçada pelo deputado Tripoli, realizou: ela fez concursos em áreas na Assembleia, que eram reserva de mercado de, vamos dizer assim, de grupos que se perpetuavam ali décadas e décadas. O concurso público na área jurídica - e esta medida, depois, se refletiu, ali mesmo, no meu tempo -, foi essencial.

Quando eu cheguei à Assembleia, depois de três anos daquela reforma, nos pegamos uma moçada nova, graças a um concurso público muito bem feito, um pessoal qualificado, motivado, com plano de carreira. Essa medida muda a cara, o ambiente, a dinâmica do Parlamento. As pessoas veem com ideias novas e oxigena o momento, e rompe-se aquela sucessão de panelas e grupos que vinha se cristalizando ao longo do tempo.

Nesta parte, também, foi uma revolução a se elogiar. Na área da informatização, nem se fala. Hoje em dia pode parecer banal você informatizar o processo legislativo, ou as proposições, ou, enfim, os expedientes que andam numa casa legislativa, mas naquela época, e eu peguei o reflexo disso, percebemos os benefícios de uma revolução, uma revolução incrível.

Como o senhor pode notar, a informatização resultou em transparência.

Quando você digitaliza processos e dá transparência da tramitação legislativa a todos, você tem como desdobramento pelo menos quatro fenômenos, e fenômenos de uma relevância incomensurável: primeiro você acaba com a troca, a possibilidade da troca de folhas - aquelas coisas que a gente houve falar -, de o cara arrancar uma folha e colocar outra, mudar um parecer; em segundo lugar, em decorrência disso, você praticamente fulmina a corrupção parlamentar; em terceiro lugar, por conta disso, também, você oferece instrumentos à sociedade como um todo, ela pode verificar quanto tempo cada processo está em cada escaninho, e, em quarto lugar, você permite a participação de toda a sociedade de forma praticamente automática, em tempo real, com o processo todo.

Por essas quatro razões, a informatização promovida pela Mesa Tripoli, e que o Paulo Kobayashi deu continuidade, vindo depois o Macris seguindo os mesmos passos, foi importantíssima. Com o advento da internet, mudou a história do processo legislativo, em velocidade de tramitação, em fiscalização da sociedade a eventuais atos mais lesivos dos próprios funcionários mal intencionados que, enfim, sempre tem. Se bem que na Assembleia tem bons funcionários, gente competente, mas sempre tem um ou outro que podia pegar lá uma folha, sumir com um processo, por exemplo. Houve uma mudança de mentalidade, uma mudança de padrão.

E a Mesa Tripoli, trouxe outro benefício, a revolução da transparência, da comunicação eletrônica para os atos legislativos que muita gente critica até hoje, como criticou na época. A informatização e a TV Legislativa fizeram uma pré-revolução, porque a partir do momento que você transmite uma sessão numa comissão ou numa sessão plenária, numa sessão do Poder Legislativo, você esta colocando nos lares, nos escritórios, na sociedade toda, tudo que esta acontecendo ali em tempo real, então isso muda também o comportamento da Assembleia.

É uma revolução incrível e incomoda, porque eventualmente, coisas ou atitudes que poderiam ser tomadas entre quatro paredes, sem transparência, sem essa possibilidade de alguém estar te observando, e com a transparência eletrônica dada, deixa de acontecer.

Quando o deputado Vanderlei Macris assumiu a direção da Casa, os resultados das inovações estavam mais explícitos?

Todos esses reflexos, dessas mudanças substanciais, nós sentimos lá na Mesa Macris, da qual eu fui o chefe de gabinete da presidência. Posso afirmar que a Mesa Macris foi muito firme nisso, de pegar aquelas ideias ali, na parte de enxugamento da máquina da Assembleia, ato inédito no Brasil, e dar continuidade. A direção da Casa, com a Mesa Macris, aproveitou esse novo momento da Assembleia, mais legítimo, de mais credibilidade, mais oxigenado, mais fluido, e quase mais higiênico.

Isso permitiu que a Assembleia assediasse uma coisa espetacular e histórica, que foram os fóruns de São Paulo do século 21, em que a sociedade paulista, em centenas de seminários realizados nesses dois anos da Mesa do deputado Vanderlei Macris, com relatoria desse fórum do deputado Arnaldo Jardim, vice-presidência do deputado Sidnei Beraldo, discutisse o futuro. Fiz a coordenação executiva desse fórum, que reuniu, num feito inédito, a sociedade como um todo, fazendo um esforço planejador espetacular.

Desses encontros nasceram cenários do São Paulo Século 21, São Paulo2020, como nós chamávamos. São Paulo para a educação, para a saúde, para estudos demográficos e deste fórum, deste Parlamento planejador, nasceu o Índice Paulista de Responsabilidade Social, o IPRS, que até hoje baliza políticas públicas de forma muito eficiente, expondo as manchas de deficiência e transformou e dividiu o estado em círculos de desenvolvimento.

Estes números são um indicador para se interpretar a cidade socialmente, em suas carências e necessidades?

Claro, já podemos ver com nitidez, aquela cidade em que se arrecada muito e tem índice social péssimo, o que é contrassenso. Ou identificamos as cidades que na outra ponta arrecadam muito pouco e têm índices sociais maravilhosos. Estas merecem ser estudadas com mais cautela para ver qual é o real segredo do sucesso. Mas o que o índice revelou é que cidades que arrecadam muito, são muito ricas e tem índices sociais péssimos, precisam ser olhadas com cuidado, porque alguma coisa está errada com elas.

Criou-se também o Índice Paulista de Vulnerabilidade Social, que referenciou o estado todo, mostrando, dentro das cidades, as manchas de vulnerabilidade social. Então, esse Parlamento planejador que fez história, só foi possível por conta das reformas implantadas, que deram credibilidade para o Parlamento. E, ao dar credibilidade ao Parlamento, permitiram que a sociedade sentisse a vontade de participar.

A conclusão é simples: se a sociedade não vem, não se planeja, e se o Parlamento não planeja, nem o Executivo planeja, não temos por onde caminhar.

O relacionamento estabelecido entre os poderes Legislativo e Executivo a partir de 1995 surgiu como uma forma de solucionar problemas de São Paulo. Qual sua opinião sobre isso?

Foi muito bom que você tenha me perguntado isso pelo seguinte: eu aprendi, lá na Assembleia, na prática, que a grandeza dos poderes tem muito a ver com o viés que é dado pelos seus líderes, e isso é um processo natural. De fato, você observou muito bem, e eu quero testemunhar aqui em primeira mão. Quando eu era chefe de gabinete da presidência da Assembleia, fui ter um despacho com o governador, junto com o presidente.

Nós sentamos na frente do governador Mario Covas e ele disse o seguinte: "olha aqui senhor presidente da Assembleia, Vanderlei Macris, e o senhor, chefe do gabinete da presidência Rubens Rizek, prestem atenção no que vocês vão falar comigo, porque o governador do Estado de São Paulo não fala não para presidência da Assembleia do povo." A partir daí, o Mario

Covas demonstra que ele levava o diálogo do chefe do Poder Executivo com o chefe do Poder Legislativo a um nível muito elevado.

E ele fazia isso não só com a Mesa, mas também com os deputados isoladamente. No caso do deputado Tripoli com o então governador Mario Covas, independentemente dessa identidade partidária, era uma conversa de política com P maiúsculo, de interesse público. Era o presidente do Poder Legislativo que é a Assembleia do povo, que tem supremacia dentro de um regime democrático, com o chefe do Poder Executivo que é o governo. Então, quando o dialogo se dá neste patamar, com esta importância entre poderes, quem ganha é a sociedade.

Tião Farias

"A coerência do Mario Covas faz falta hoje"

Tião Farias iniciou sua trajetória política na juventude, como militante de movimentos populares da periferia de São Paulo e ativo participante da causa pela derrubada da ditadura. Em 1983, com a posse de Mario Covas como prefeito, Tião atuou na Penha, desenvolvendo vários programas sociais. Quando Covas se elegeu senador, Tião tornou-se seu assessor político, função que ocupou até a morte do então governador. Como secretário-Adjunto da Casa Civil de 1995 a 2002 do governo paulista, Tião participou do planejamento, montagem e execução de todos os projetos e programas realizados no governo.

O senhor já vinha de 12 anos trabalhando com o governador Mario Covas. Na hora de iniciar o governo em 1995, qual era sua maior preocupação na Casa Civil?

Naquele momento eu mesmo sentia muito, não só por não ter experiência do Executivo, mas porque via as dificuldades à frente, e Mario Covas também não tinha noção do que seriam aqueles problemas, o tamanho real deles. Imagine você a surpresa, neste história, que todos nos lembramos: já no primeiro dia de governo o Covas recebeu a informação do José Afonso, da Segurança, dizendo que estava sendo cortado o fornecimento de combustível para a PM, e as viaturas de toda polícia ficariam paralisadas. Uma coisa gravíssima, já que a Segurança é responsabilidade do estado. E aquilo, no primeiro dia, deu o diagnóstico do que seria o governo, era o prenúncio do que nos esperava. Este episódio serviu para dar o tom das ações. Covas enfrentou problemas com situações complicadas no Executivo, no Legislativo também teve cortes e no Judiciário. Ele não gostava de fazer propaganda, e ficava evidente que os meios de comunicação, às vezes, não o viam com bons olhos, não tinham boa vontade com ele.

O que mais lhe assustou na primeira semana?

O negócio do Baneser foi terrível e o governador precisou acabar com qualquer privilégio que surgisse para ter condições de enxugar a máquina. Ele teve no Tripoli um grande companheiro nisso, uma pessoa que ajudou muito a solucionar aquela complicação toda. É que de repente, teve deputado que perdeu chefe de gabinete, porque era uma estrutura do Executivo que estava no Legislativo. O Covas tinha um respeito muito grande pelo Legislativo, e isso ajudava a amenizar um pouco as questões relacionadas à Assembleia, e junto com o Tripoli tudo isso foi feito com traumas menores. Nós fizemos isso juntos, porque a relação do governo com a Assembleia se dava pela Casa Civil e o chefe no primeiro ano, era o Robson Marinho. Eu cuidava mais da agenda do Mario Covas, das atividades desenvolvidas com o interior, com as cidades, e mais focado mesmo na Assembleia ficava o Robson. Eu tinha que correr porque o Mario viajava muito. O Covas, posso afirmar, foi o único governador que visitou 645 municípios no exercício do mandato, ele visitou todos os municípios do estado, e olha que ele teve 6 meses menos porque se licenciou, e o último município foi na região de Bauru. A presença do governador nessas cidades era muito importante, tem um valor extraordinário politicamente, simbólico, porque o deputado da região da cidade sempre estava junto. No segundo ano foi um pouco diferente, começamos a colocar em andamento a obra dos hospitais, o ápice do governo Covas não foi fazer exatamente o que ele fez, e sim a maneira como ele fez, porque fazer obras todo mundo faz. Mario Covas e sua parceria com a Assembleia Legislativa foi muito importante, porque sem esse respaldo político, ele não teria condições de privatizar as energéticas, não teria feito as concessões das estradas, ele não teria feito mesmo. E eu me lembro que uma vez o líder da bancada ligou para o Covas e disse: "nós temos um problema, não dá para votar, porque a maioria vai ser contra." E

Tião Farias

o Covas respondeu: "eu quero que vote, isso não é pra mim, não é pra você, é para a população de São Paulo e quem for contra que se manifeste, não tem nenhum problema, as propostas são essas, já fizemos o que tinha que ser feito, eu não vou mais perder um dia com isso." Era sempre a mesma atitude dele, realçando a questão da responsabilidade também, de dividir responsabilidade, e eu acho que esse comportamento de transparência do Covas governar, ajudou muito.

Um dos grandes programas se voltava para a desestatização. Como ele via isso?

O PED foi um mecanismo que deixou resultados. Principalmente pelo fato do PSDB estar hoje no governo e todo mérito que tem o Geraldo, o Serra, teve a base mesmo montada pelo PSDB, muito identificado com o Covas, uma coisa única que era Mario Covas, com uma imagem sólida. O Mario Covas simboliza a maneira de administrar do PSDB antigo, de origem, porque hoje, principalmente internamente, as coisas não estão mais andando como era antigamente.

Os fatos que aconteceram em 2008, para mim, foram marcantes por causa das atitudes dos líderes e garanto que se o Mario Covas estivesse vivo não teria acontecido nada daquilo. Eu acho que se nós tivéssemos um pouquinho de vergonha na cara não tinha acontecido. Aquele episódio no partido, para mim, foi uma coisa muito triste, triste mesmo, não era possível que aquilo estivesse acontecendo com o PSDB.

O que precisava mesmo era vergonha na cara, faltou compromisso, humildade das pessoas. Mas voltando na questão de modernidade do estado, esse saneamento financeiro, a participação da Assembleia - até porque as leis passavam por lá -, representava um avanço. Mario era um democrata, respeitava as instituições e isso o fortalecia, porque na democracia você precisa do Legislativo e dos órgãos fiscalizadores. A democracia, sem uma instituição forte, não vai a lugar nenhum, e o principal era mesmo o Legislativo, e foi o Legislativo que deu certo, pois o Covas tinha boa relação com o Tripoli.

O Mario Covas era muito austero, exigia muito dos outros, mas exigia muito dele também, ele não exigia dos outros e ficava no bem bom, não, muito pelo contrário, dava o exemplo, ele estimulava, era o primeiro a dar uma tremenda de uma bronca na equipe, mas também era o primeiro a reconhecer, cobrava, mas se cobrava também. Muita gente tinha uma imagem de que ele era um homem duro e autoritário, coisa nenhuma. E ele provou isso não só como governador, como prefeito também.

Tinha só um probleminha: se eu ou qualquer assessor quisesse prejudicar alguém em algum despacho, era só conversar com Mario de manhã, de manhã era terrível. Até para responder um bom dia, ele respondia com mau humor. Mas era só. Nós viajávamos muito, nós viajávamos de terça, quinta e sábado, depois começou a ficar muito difícil, eu mesmo não conseguia, porque eu organizava a viagem e depois tinha que despachar os resultados da viagem, as decisões, os compromissos. Aí nós começamos a viajar só de quarta e sábado, e quando ele descia na primeira cidade, você podia dar qualquer coisa para ele que ele via com outros olhos. Estar em contato com o público era a alma dele, ele gostava e isso o deixava bem.

O que fazia mal ao Covas era o gabinete, virava uma pessoa amarga, era só pepino, mas mesmo assim ele tinha muita paciência com a oposição, por exemplo, e era humilde, dono de uma paciência tremenda. E, outra coisa, Mario fazia questão de repassar as boas e as más notícias, ele assumia, não queria transferir. Mario não era centralizador na execução dos projetos, ele era centralizador na informação.

Queria saber de tudo, do andamento de todas as coisas, contudo, tinha confiança para deixar as pessoas resolverem os problemas relativos a suas áreas. Mario Covas confiava nas pessoas, só não abria mão de ser informado. Vou dizer, com sinceridade: Mario Covas era um cara coerente, é isso que define o Mario. Uma pessoa que não decepcionava. A coerência hoje faz falta, a dele faz muita falta. Ele dizia que a esperteza, a curto prazo, vence, mas que a coerência, a médio e longo prazo, prevalece.

Walter Feldman

*"Tripoli é uma marca que nós
não podemos esquecer"*

Walter Feldman formou-se na Escola Paulista de Medicina (UNIFESP) em 1977. Foi trabalhar com saúde na periferia e no ano de 1983 foi eleito para o seu primeiro mandato de vereador, seguido de reeleição. Eleito deputado estadual em 1998, foi escolhido pelo então governador Mário Covas para ser o líder do governo e depois o chefe da Casa Civil. Entre os anos de 2000 e 2002, foi o presidente da Assembleia Legislativa do Estado de São Paulo. Em 2002, foi o deputado federal mais votado do PSDB na cidade de São Paulo e em 2005 foi convidado pelo então prefeito José Serra para assumir a secretaria de Coordenação das Subprefeituras. Em 2006, foi reeleito deputado federal novamente como o mais votado do partido e desde 2007 é o secretário de Esportes, Lazer e Recreação do município de São Paulo. A convite do Comitê Olímpico Brasileiro e da prefeitura paulistana em abril de 2011,

Walter Feldman segue viagem para Londres como "Embaixador do Esporte" com a responsabilidade de trazer a experiência das Olimpíadas londrinas para nosso país.

O comando do país em 1995 assim como do Estado de São Paulo estavam nas mãos do PSDB. De que maneira o senhor avalia esta convergência do partido no poder?

Foi um momento extraordinário de coincidência de poder federal e estadual, sob o comando das duas figuras, dentre as três, mais importantes da história do PSDB, que são Mario Covas, Fernando Henrique e Franco Montoro. Naquela oportunidade, Fernando Henrique no plano nacional e Covas no estadual, representavam da maneira mais brilhante aquilo que era o sonho do PSDB: um partido que trazia renovação ética, renovação de modelo de gestão, compreensão da forma do estado moderno e disposto a fazer as intervenções se necessárias, cirúrgicas, para que essa realidade pudesse se implantar.

Nós já vínhamos do início do Plano Real, portanto, o Brasil já mudava desde a gestão anterior com o presidente Itamar tendo Fernando Henrique como seu ministro da Fazenda. Já estávamos com a roda andando e naquele momento precisávamos de uma governança com qualidade, com qualificação, como Mario Covas e Fernando Henrique, nos dois pontos mais importantes do país, fizeram.

Eu, juntamente com o deputado Ricardo Tripoli, fomos eleitos para a Assembleia de São Paulo, eu, voltando de um período de recesso sabático do ponto de vista político, porque não havia disputado eleição para vereador de São Paulo, estava há dois anos parado, e nós tínhamos um momento muito rico e muito complexo, porque saíamos de uma gestão muito complicada, que foi a gestão do Fleury, que tinha deixado a situação do estado do ponto de vista financeiro e de gestão, muito ruim.

O senhor via a urgência de se alterar os modelos?

Eram modelos diferentes de gestão, o que exigia de um estadista como o Mario Covas o pulso e a qualidade pessoal, e coragem, que era a característica das mais importantes do Mario Covas, para que essa mudança pudesse ser realizada e nada disso seria possível se não tivesse um comando firme na Assembleia de São Paulo.

Tem um detalhe do processo eleitoral a ser mostrado, pois eu chegava praticamente na Assembleia com total desconhecimento do funcionamento da Casa, nós éramos vereadores até então; o Tripoli tinha sido o primeiro dos nossos que arriscou passar de vereador para deputado estadual, com muito

Walter Feldman

sucesso, sucesso de esforço pessoal, de compreensão de que tinha chegado sua hora de transição e já estava na Assembleia no mandato anterior ao nosso; Tripoli já compreendia o funcionamento da Casa, eu diria que para nós que éramos novos, era uma grande bancada, e o Tripoli, quase nosso veterano. Grande parte da bancada era jovem, de primeiro mandato, e eu penso que nossa base de apoio para todo entendimento da Assembleia era o deputado Ricardo Tripoli, que manifestou seu desejo de candidatura para a presidência, sem nenhuma resistência por parte da bancada peessedebista, não houve nenhum tipo de contestação ou de outra candidatura que pudesse lhe fazer oposição dentro do partido.

A necessidade era eleger o presidente da Assembleia que fosse do PSDB?

Houve também uma compreensão firme, pelo menos da nossa parte, de que com o governador Mario Covas eleito, a Assembleia deveria ser dirigida pelo mesmo partido, apesar do fato de que a bancada do PMDB era maior, com muita experiência de mandatos anteriores e com desejo de fazer naquela oportunidade, o deputado Paschoal Thomeu presidente, com a alegação de que com a bancada maior, teria o direito de fazer o presidente da Casa.

Nós, naquela oportunidade, discordávamos e manifestamos o total apoio ao deputado Tripoli, mas, na minha avaliação, a vitória não seria possível e, se não fosse a experiência do Tripoli já acumulada - porque a bancada do PMDB era muito experiente, liderada pelo deputado Milton Montes que trazia uma carga de experiência executiva e parlamentar e muita habilidade na articulação -, mais a estatura do Mario Covas com o desejo de mudança, seria difícil. Mesmo na disputa que houve com o deputado Paschoal Thomeu, com algumas traições ainda não reveladas, porque nunca temos convicção disso, foi possível levarmos o Tripoli à vitória.

Isso foi fundamental porque a história de São Paulo teria sido outra se não fosse conquistada a presidência pelo deputado Tripoli. Foi o primeiro momento em que o PSDB, do ponto de vista parlamentar, assumia o poder em São Paulo, uma perfeita composição. Não posso negar que isto, também, devemos à experiência do Tripoli. Ele sabia que a composição política deveria ser feita no respeito parlamentar à proporcionalidade das bancadas; só não veio conosco o PMDB que tinha uma bancada enorme e, com ela, naquele momento, disputava conosco.

A composição com o deputado Luizinho que era da bancada do PT, bancada também expressiva e com o deputado Conte Lopes, fez com que, imediatamente, após a eleição do Tripoli, a vitória do Tripoli e a derrota do Paschoal Thomeu, *nós conseguíssemos o equilíbrio com a maioria da instituição, diferente da maioria de oposição. Maioria de uma forma institucional que depois, evidentemente, teve a compreensão do próprio PMDB.*

Foi assim que nós iniciamos o novo e longo processo de recuperação do Estado de São Paulo. Comentei várias vezes com o deputado Ricardo Tripoli, que essa ideia do livro - e estou sendo entrevistado para ele -, é uma ideia muito bem-vinda, porque os registros daquele período só fazem menção à gestão do Mario Covas, há pouquíssima referência ao papel da Assembleia e hoje eu estou convencido que, sem a Assembleia naquela condição, sem ter o comando do Tripoli, a reforma do estado não teria acontecido.

As reformas que dividiram os estágios do Legislativo renderam por muito tempo?

A estrutura política e depois a estrutura do funcionamento da Casa, foram privilegiadas, porque o deputado Tripoli instituiu um modelo que depois continuou para todos nós que presidiram a Assembleia depois dele, o Paulo Kobayashi, o Vanderlei Macris, e eu. Vivemos um período longo de pelo menos oito anos dessa gestão, depois houve um problema na disputa política em São Paulo, já no período Geraldo Alckmin, mas nós percebíamos uma capacidade do Tripoli em liderar o processo todo.

O presidente da Assembleia não é apenas uma figura administrativa, ele é um líder político, ele tem, logo após a disputa da Mesa, que ter condições de agregar todas as forças da Casa para realizar as mudanças políticas, institucionais e físicas na instituição, ou seja, a mudança do estado tinha que corresponder à mudança da Assembleia, esse era o parâmetro fundamental.

Na questão política, o Tripoli era a única figura que naquela oportunidade possuía a experiência de liderar esse processo, acumulava características pessoais e políticas para fazê-lo, tanto que logo depois da disputa da Mesa, pode agregar as forças com todos os partidos políticos para que as mudanças fossem realizadas. E o que significava isso? Era você dar transparência à Casa, você constituir um fórum de líderes que pudesse a partir da discussão franca, aberta e livre, com todas as diferenças ideológicas, fazer com que o Colégio de Líderes expressasse o seu desejo de formulação de pauta de funcionamento de plenário, de organização das comissões.

O mais difícil, porém, era a transição do governo anterior e do modelo gerenciado por ele, para o modelo novo e criar as condições para que de maneira democrática tudo pudesse funcionar. Nós tínhamos que privatizar empresas públicas, nós tínhamos que criar um modelo de gestão de apoio ao

Mario Covas que fosse possível enfrentar a crise econômica e financeira que paralisava as ambulâncias, os carros de bombeiros, os carros de polícia logo nos primeiros dias do nosso governo.

Era uma necessidade de readaptar o orçamento e logo em seguida votar a LDO (Lei de Diretrizes Orçamentárias), os novos orçamentos e isso exigia que houvesse uma nova possibilidade liderada pelo Tripoli que permitia que essas mudanças fossem feitas com muita dedicação, muito empenho, porque nós tínhamos que ultrapassar a barreira da oposição, que cumpria o seu papel.

A Mesa conseguiu harmonia e dinâmica no cotidiano da Casa?

Então, por isso mesmo, valores institucionais como o Colégio de Líderes, funcionamento de comissões, presidência aberta com todo acesso não apenas aos líderes, mas a todos os deputados, fizeram com que durante um longo período esse modelo se mantivesse muito bem estruturado. Do ponto de vista institucional mesmo, nós tínhamos atrasos grandes: que eu me recorde, por exemplo, a questão da televisão, o sistema de rádio e televisão e de comunicação eram modelos ultrapassados na Assembleia, e nós tínhamos que ter mecanismos de comunicação com a sociedade que até então eram muito deficientes. O início dessa transformação se deu na gestão Tripoli, além da questão da informatização. Foram duas coisas importantes, são questões centrais, porque não dá para viver um novo Parlamento se não fosse a gestão do Tripoli, a largada para o novo Parlamento de São Paulo que correspondia ao novo estado que o Mario Covas se esforçava para produzir.

Eu diria que o Estado de São Paulo está dividido entre antes e depois de Mario Covas. Mario Covas foi um revolucionário democrático, um homem de uma coragem extraordinária, e eu me lembro muito das recomendações que ele me dava do ponto de vista ético, de como é que a Assembleia deveria ser tratada na sua importância, como é que as relações deveriam ser, apenas políticas e não de interesse fisiológico ou apenas interesses partidários. Mario me dizia como a Assembleia deveria compreender o seu novo papel e ser uma grande parceira da gestão do Executivo, coisas que na minha avaliação, nos livros que foram escritos posteriormente, isso não foi reconhecido.

Tudo que se fala da gestão Mario Covas, a Assembleia nunca é colocada no papel que merece, por isso acho que este livro do Tripoli, nesse momento, vem resgatar esse novo papel nessa história, ou seja, a Assembleia foi a alavanca que o Mario Covas utilizou com seu jeito de fazer política, para que as mudanças pudessem acontecer.

Como líder do governo na Assembleia, eu falava muito com Mario Covas, dizia que estava muito difícil montar a maioria, porque ele tinha um estilo próprio, não havia as composições como no passado, não havia trocas de nível não republicano, eu queria que ele compreendesse nossa dificuldade. E ele me dizia: "Walter, isso é um problema seu, você vá lá e conquiste a maioria, me traga aqui os partidos pra gente conversar." Mostrando uma relação muito tranquila, aceitou um pedido nosso naquela oportunidade de instituir um programa de emendas parlamentares que até então não existia.

Afirmo que isso foi consolidado, ou seja, as marcas da herança hoje estão constituídas, claro que com diferenças, na gestão do governador Geraldo Alckmin e na gestão do governador Serra. Mas eu acho que as raízes do novo modelo foram implantadas lá atrás, e eu quero salientar aqui o seguinte: eu fui líder do governo em toda a gestão Tripoli, continuei líder, tempos depois sucedi o Tripoli na presidência e eu diria que o modelo Mario Covas também corresponde ao modelo Tripoli na Assembleia, eu teria a coragem de dizer que o Tripoli foi o precursor de um modelo que também virou uma herança.

Jamais a Assembleia será aquela instituição de relação pouco transparente, lenta, com expediente não dos mais adequados. Tripoli é uma marca que nós não podemos esquecer, e eu, como líder do governo na época, sabia que éramos figuras centrais, e eu tive por parte da presidência todas as condições para poder trabalhar. Se não fosse a sensibilidade do Tripoli de pautar as matérias de interesse do Mario Covas, se não fosse a sua capacidade de me ajudar a articular as votações, a maior parte do meu trabalho não teria tido resultados.

Yoshiaki Nakano

"O Estado tinha sofrido um saque"

O professor Yoshiaki Nakano é diretor da Escola de Economia de São Paulo da Fundação Getúlio Vargas, ex-secretário da Fazenda no governo Mario Covas.

O primeiro obstáculo encontrado por Mario Covas ao assumir o governo paulista em 1995 estava na dívida do Estado. A primeira visão que o senhor teve dessa dívida, qual foi?

A primeira visão que nós tivemos é que era uma dívida impagável, e por uma razão muito simples: só de juros em janeiro de 1995, em cima da dívida do Banespa - Banco do Estado de São Paulo -, que o tesouro do estado e diversas entidades tinham, englobava quase todo o ICMS da época, portanto, era uma coisa praticamente impossível de se resolver. E uma das dívidas, que não era a menor, gerava um encargo que, só de juros, levava praticamente todo o ICMS, que naquela época era de mais de 90% da arrecadação.

Uma coisa absolutamente anormal, um descalabro. Isso para não falar que, quando nós assumimos, a despesa corrente do governo, e quando digo despesa corrente do governo, me refiro a coisas do tipo alimentação de presídio, limpeza dos hospitais, combustível para a polícia, não havia sido paga desde março do ano anterior. Então, veja que estava tudo acumulado, realmente o que o estado tinha sofrido naquele momento, era praticamente um saque.

O montante da dívida chegava a quanto?

Só a dívida do Banespa que nós acertamos, definitivamente, só com ela, o tesouro estadual pagou 60 bilhões de dólares. Isso era mais do que a dívida externa brasileira no total que foi negociado ao longo dos anos 80. Repare que a dívida que havia sido acumulada no Estado de São Paulo, dado as elevadas taxas de juros, havia sido maior que a dívida externa brasileira; e a situação não era só do Executivo, era também da Assembleia Legislativa, e aí, eu me lembro que o deputado Ricardo Tripoli fez um trabalho fantástico de sanear as dívidas, colocar ordem na casa, de reestruturar e de demitir gente que estava na folha e não trabalhava na Assembleia; ele fez uma verdadeira limpeza e colocou tudo em ordem.

Se você olhasse para os indicadores comparando as diversas Assembleias Legislativas deste país, a Assembleia de São Paulo passou a ser uma das mais eficientes, a de menor custo do Brasil.

Como o senhor avalia o relacionamento entre os poderes Executivo e Legislativo no meio de uma desestruturação financeira para o estado e que precisava tanto de apoio dos deputados?

Eu acho que aí foi uma espécie de revolução política, eu diria, e isso se deve ao fato de que o governador Mario Covas liderava um grupo de políticos que queriam fazer mudança no país, queria trazer a decência, e são pessoas que trabalhavam muito mais com conceitos e valores universalmente aceitos do que com negociações, negociatas e politicagem. Neste processo o governador Mario Covas definiu, muito claramente, os partidos que o apoiaram; ele definiu quem teria cargo dentro do governo, mas teria que seguir todas as diretrizes que ele estabelecia e, se não cumpria, ele tirava e pedia ao partido para indicar outro.

Então, a qualquer sinal de deslize, o governador imediatamente trocava, "este não serve para mim", e desta forma funcionou muito bem na parte executiva, agora, eu acho que a grande novidade que o governador Mario Covas trouxe para a sua gestão, foi a sua relação com a Assembleia Legislativa.

Ele dizia que o Poder Legislativo era um poder autônomo, independente

Yoshiaki Nakano

do Executivo, então, nada de fazer aquela pressão em cima do Legislativo, fazer aquela coisa que geralmente o Executivo faz. Muito menos que nenhum secretário, ninguém que tivesse qualquer projeto de interesse na Assembleia Legislativa, poderia negociar votos. Ele achava que era uma questão de você ir lá e defender o seu projeto com argumentos políticos, com argumentos lógicos, racionais e convencer os deputados que o que nós estávamos pedindo estava correto.

E, também, que quando os deputados tivessem argumentos corretos, nós tínhamos que admitir que poderíamos estar errados e corrigir aquilo que fosse necessário. Isso permitiu que praticamente todos os projetos apresentados pelo governador Covas fossem aprovados pela Assembleia Legislativa e muito rapidamente.

Neste processo de renovação de pensamento, de mudança de pensamento e filosofia política, o deputado Tripoli foi fundamental, foi o primeiro presidente que entendeu muito claramente o que estava sendo estabelecido e de uma forma nova. É importante falar isso pelo seguinte: porque quando você começa, o Executivo vai negociar votos, você concede uma coisa para um deputado, cede para outro e tal; quando você estiver lá no nonagésimo deputado, tentando negociar, você já tinha 89 deputados insatisfeitos.

O governador estabeleceu outra política, funcionando com regras claras, respeitar o Legislativo, levar argumentos e convencer os deputados que nós estávamos propondo algo que era correto. Mais do que isso, o governador Covas estabeleceu também, naquele momento, que nós devíamos receber todos os deputados, independente do partido. Se a reivindicação do deputado fosse uma reinvindicação justa e se fosse possível atender, nós tínhamos que atender.

Afinal, ele era representante da população, legitimamente eleito, portanto, nós tínhamos que defender a relação com os deputados. O que tivesse dentro do orçamento, nós podíamos executar, sem discriminar um ou outro, e como os deputados sabiam disso, a relação da secretaria da Fazenda com a Assembleia foi maravilhosa, com muita tranquilidade, eu diria que os deputados, todos, ou praticamente todos, mudaram de comportamento.

Ao invés de chegar e dizer: "eu vou conseguir tal coisa", muitas vezes impossível, que era prometida para o eleitorado, os deputados diziam que "nós vamos conversar com quem é responsável e vamos verificar se isso é possível."

Essa atitude facilitou as conversações?

Olha, desta forma, o deputado já podia cumprir o combinado com seu eleitorado, que é levar sua proposta até a pessoa que decide, seja governador ou secretário, para conversar, ver as possibilidades, se tem recurso ou não, se está previsto no orçamento e se for uma coisa correta, que vai beneficiar a população, certamente a obrigação do Executivo é atender ao deputado. E, com isso, a relação foi absolutamente tranquila, e também uma coisa fundamental é você tratar todos iguais, é não favorecer um em detrimento de outro, evitando criar uma animosidade com os insatisfeitos.

Com esse tipo de comportamento conseguimos evitar conflitos. Também o deputado tinha cumprido sua missão e seu compromisso com o eleitorado. A relação com a Assembleia foi muito mais uma relação de argumento, de comunicação e debate, constante, em cima de ideias, projetos e propostas do que de negociação política de baixo nível, e isso realmente foi uma das coisas que eu acho que marcaram claramente o governo do Covas.

A correlação de poderes para a transparência pública foi positiva?

Um dos grandes projetos que foram implantados ao longo do governo Covas concentrou-se exatamente na modernização e informatização de todas as transações, de todos os projetos que o estado desenvolvia.

Nós implantamos o chamado Siafem (Sistema Integrado de Administração Financeira para Estados e Municípios), um sistema em que toda e qualquer informação do governo, desde a compra de uma garrafa de água mineral até a compra de veículos ou licitação de obras podia, perfeitamente, ser acessada por qualquer pessoa, no sentido de verificar, comparar os preços de uma compra de computador, por exemplo, ou outra compra que qualquer funcionário fizesse.

Tínhamos o cadastro de tudo, e podíamos checar se a transação era correta ou não. Na Assembleia Legislativa todos os gastos dos deputados se tornaram completamente transparentes e qualquer despesa estava lá, discriminada. Neste processo de mudança que o governador Mario Covas trouxe, veio o desejo de modernizar, passar a informação para a população. Por exemplo, lembro muito bem que uma das coisas que me davam muito trabalho eram requerimentos e mais requerimentos dos deputados.

Pediam informação de coisas absolutamente óbvias e simples, que deviam estar à disposição deles. Com o passar dos anos esses requerimentos desapareceram, porque nos implantamos o sistema renovador e transparente. A secretaria da Fazenda treinou os assessores de todos os deputados para que eles pudessem buscar as informações e foi assim com toda e qualquer entidade do estado.

As informações estavam à disposição, e essa transparência tornou a relação da Assembleia com o Executivo muito normal. Na verdade, só para lembrar um detalhe importante, a única exceção estava na decisão das universidades, que se negaram a nos dar as informações. Mas o Judiciário e todos os demais poderes passaram suas informações.

A informatização da Assembleia ajudou?

Sim, recordo direitinho disso, porque foi outro processo importante que o presidente Ricardo Tripoli implantou lá, um grande projeto de informatização. Claro que isso facilitou muito o trabalho da secretaria da Fazenda que tinha as informações nos terminais da Assembleia Legislativa com todos os seus dados abertos.

DEPUTADOS DA 13ª. LEGISLATURA – 1995/ 1999

Afanásio Jazadji – PFL

Alberto Calvo – PSB

Aloísio Vieira – PDT

Antônio Adolpho Lobbe Neto – PMDB

Antônio Carlos de Campos Machado – PTB

Antonio Carlos Mendonça (Toninho da Pamonha) – PTB

Antonio Carlos de Oliveira Ribas de Andrade – PMDB

Antonio Cesar Russi Callegari – PMDB

Antonio Duarte Nogueira – PFL

Antonio Erasmo Dias – PPR

Arthur Alves Pinto – PL

Beatriz Pardi – PT

Candido Galvão de Barros França Netto – PSDB

Carlos Alberto Bel Correia – PMDB

Carlos Eduardo Abarca e Messas – PDT

Célia Camargo Leão Edelmuth – PSDB

Célia Sueli Artacho – Prona

Clóvis Volpi – PSDB

Daniel Marins Alessi – PTB

Dimas Eduardo Ramalho – PMDB

Djalma de Souza Bom – PT

Dorival Braga – PSDB

Dráuzio Lúcio Barreto – PSDB

Edmir José Abi Chedid – PFL

Edna Bezerra Sampaio Fernandes (Edna Macedo) – PPR

Edson Ferrarini – PL

Elói Alberto Pietá – PT

Elza Sophia Tank Moya – PMDB

Estevam Galvão de Oliveira – PL

Fernando Augusto Cunha – PMDB

Gilberto Kassab – PL

Gilberto Nascimento Silva – PMDB

Gilson Luiz Correia de Menenzes – PMDB

Hamilton Pereira – PT

Hatiro Shimomoto – PPR

Heráclito Gomes Pizano (Kito Junqueira) – PV

Israel Zekcer – PTB

Jamil Murad – PC do B

Jayme Gimenez – PMDB

João Marcelo Fiorezi Gonçalves – PTB

José Abelardo Guimarães Camarinha – PMDB

José Aldo Demarchi – PPR

José Antonio Caldini Crespo – PPR

José Carlos Tardelli – PMDB

José Carlos Tonin – PMDB

José Eduardo Ferreira Netto – PPR

José Giacomo Baccarin – PT

José Guilherme Gianetti – PMDB

José Nelson Aguiar Fernandes – PRP

José Pivatto – PT

José Ricardo Alvarenga Tripoli – PSDB

José Carlos Vaz de Lima – PSDB

José Zico Prado de Andrade – PT

Junji Abe – PL

Juscelino (Celino) Cardoso de Sá – PSDB

Luiz Alberto Fratini (Luiz Lune) – PMDB

Luiz Carlos da Silva – PT

Luiz Paulo Teixeira Ferreira – PT

Márcio de Lima Araújo – PPR

Marcos Ribeiro de Mendonça – PSDB

Maria Cecília Passarelli – PFL

Maria do Carmo Thomaz Piunti – PSDB

Maria Lucia Prandi Gomes – PT

Mariângela de Araújo gama Duarte – PT

Mauro Bragato – PMDB

Miguel Moubadda Haddad – PSDB

Milton Antonio Casquel Monti – PMDB

Milton Flávio Marques Lautenschlanger – PSDB

Misael Margato – PRP

Nabi Abi Chedid – PSD

Nivaldo Santana Silva – PC do B

Ocimar Donizeri Leo de Oliveira – PTB

Oswaldo Justo – PMDB

Paschoal Thomeu – PMDB

Paulo Seiti Kobayashi – PSDB

Paulo Roberto Julião dos Santos – PDT

Pedro Bohomoletz de Abreu Dallari – PT

Renato Fauvel Amary – PSDB

Renato Simões – PT

Reynaldo Emygdio de Barros Filho – PPR

Roberto Carvalho Engler Pinto – PSDB

Roberto Gouveia Nascimento – PT

Roberto Hilvo Giovani Purini – PMDB

Roberval Conte Lopes Lima – PPR

Roque Barbieri – PSD

Rosmary Corrêa – PMDB

Rui Goethe da Costa Falcão – PT

Sidney Cinti – PSDB

Terezinha de Jesus Morais Vasconcelos Silva (Terezinha de Paulina) – PFL

Uebe Rezeck – PMDB

Vitor Sapienza – PMDB

Wagner Lino Alves – PT

Waldir Cartola dos Santos – PTB

Walter Meyer Feldman - PSDB

Impresso por :

Graphium
gráfica e editora
Tel.:11 2769-9056